GUIDE

DE L'ÉGLISE

SAINT-EUSTACHE

DE PARIS

Par l'Abbé A.-F. TORRÉ

VICAIRE DE LA PAROISSE

Prix : 50 centimes

Se vend pour l'installation de la verrière
de la Chapelle de Saint-Louis

1889

GUIDE

DE L'ÉGLISE

SAINT-EUSTACHE

DE PARIS

GUIDE

DE L'ÉGLISE

SAINT-EUSTACHE

DE PARIS

Par l'Abbé A.-F. TORRÉ

VICAIRE DE LA PAROISSE

Prix : 50 centimes

---

*Se vend pour l'installation de la verrière
de la Chapelle de Saint-Louis*

1889

A Monsieur l'Abbé QUIGNARD,

Curé de Saint-Eustache.

Monsieur le Curé,

Le désir de contribuer à l'embellissement de la chapelle de Saint-Louis, roi de France, patron secondaire de votre paroisse et votre propre patron, m'a inspiré d'écrire ce guide. Permettez-moi de vous le dédier. Il vous appartient par le sujet qu'il traite, par le but qu'il poursuit et par la bienveillance avec laquelle vous avez encouragé sa publication.

Inscrit à sa première page, votre nom aimé et vénéré l'aidera à rendre quelques services aux visiteurs qui ne connaissent pas l'église Saint-

Eustache et à vos paroissiens qui voudront la connaître mieux, en même temps que votre approbation sera pour moi-même la meilleure récompense de mon travail.

L'abbé A.-F. TORRÉ.

Paris, le 21 janvier 1889.

Fête de Sainte-Agnès.

PREMIÈRE PARTIE

VISITE DE L'ÉGLISE

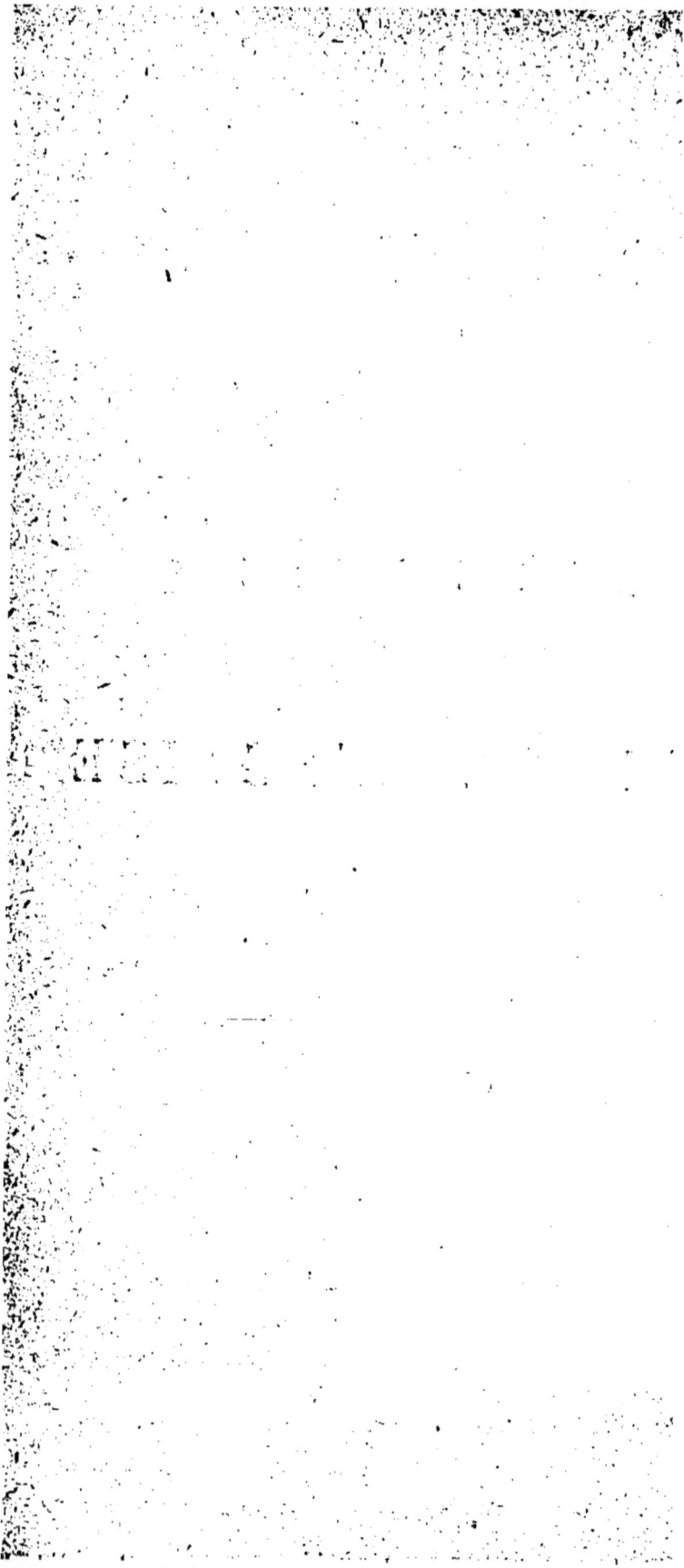

CHAPITRE I (¹)

DESCRIPTION GÉNÉRALE
DE L'INTÉRIEUR

Pour visiter l'église de Saint-Eustache, allez d'abord vous placer sous les orgues et jetez un regard sur la vaste nef. Vous éprouverez un saisissement d'admiration auquel personne n'échappe et dont je voudrais expliquer la cause. Si j'y parviens, votre visite vous intéressera davantage et vous laissera un meilleur souvenir.

Deux architectures ont été employées pour construire les temples de Dieu.

La première nous vient de la Grèce et convient aux pays de soleil : la gloire céleste de Dieu y rayonne dans la magnificence des formes, le prestige de la lumière, la beauté des lignes, la richesse des orne-

(1) Environ soixante auteurs, archéologues ou autres, ont parlé de l'église Saint-Eustache. Nous avons consulté les plus importants, et surtout le livre que M. Goudreau, curé de la paroisse, a publié en 1855 et dont l'unique édition est d'ailleurs épuisée.

ments ; c'est le Parthénon d'Athènes ou Saint-Pierre de Rome.

La seconde est propre aux pays du nord de l'Europe : l'idée en est empruntée aux grandes forêts silencieuses où les hautes branches des chênes se rencontrent pour former des ogives naturelles. La lumière est moins vive ; il y règne un crépuscule perpétuel qui favorise la méditation. L'élancement des colonnes et la hauteur des voûtes élèvent l'âme et la portent à prier.

L'une est l'église glorieuse et triomphante, l'autre l'église militante et souffrante ; l'une est austère, l'autre est joyeuse, mais toutes les deux sont pleines de la majesté de Jéhovah et consacrées par la présence de Notre-Seigneur Jésus-Christ.

Est-il possible de réunir dans une même église ces deux pensées et ces deux architectures ? De donner à l'église militante, avec sa sévérité, le pressentiment de l'église triomphante ?

Celui qui a fait Saint-Eustache l'a cru.

Dieu lui accorda la vision d'un édifice qui joindrait ces deux beautés dans une pleine harmonie ; en la recevant il dut, sans doute, ressentir une joie digne du ciel. Il s'appelait Dominique de Cortone, autrement dit Boccador.

Il venait de concevoir à Paris les plans de l'ancien Hôtel de Ville dont on n'oubliera jamais la perfection architectonique ; il fit mieux encore en créant l'église Saint-Eustache.

Voyez la nef principale, ses longs piliers sans base et sans chapiteau s'épanouissant comme de gigan-

tesques palmiers dans la voûte qui s'élève à une si
grande hauteur ! Les quatre nefs latérales élancées et
hardies la soutiennent et s'appuient elles-mêmes sur
des chapelles plus hautes que d'ordinaire.

Quatre rangs d'ouvertures, formant le nombre de
222 fenêtres de diverses grandeurs, distribuent la
lumière. Après l'arche triomphale qui donne naissance au transept formant la croix latine, le chœur
apparaît dans le lointain à l'extrémité d'une avenue
merveilleuse dont les dernières colonnes se res-
serrent et font entrevoir derrière elle de nouvelles
profondeurs. Pour compléter l'illusion, les trois dernières arcades se rejoignent par l'ogive ; nous
croyons être dans une église gothique, sœur des
cathédrales de Chartres ou de Bourges.

Mais tournez votre attention sur un autre objet :
les colonnettes corinthiennes sortent des énormes pil-
liers, des nervures tranchantes se ramifient dans la
voûte capricieusement et laissent retomber des clefs
en forme de culs-de-lampe couvertes de draperies,
de feuillage, de têtes d'anges.

Ces piliers carrés sont partagés dans leur hauteur
en plusieurs étages de pilastres des quatre ordres
d'architecture grecque : dorique, ionien, corinthien,
composite.

Au-dessus du premier étage, la galerie appelée
triforium forme un rang continu d'arcs cintrés avec
des pilastres ioniques dans les intervalles.

Dans les nefs latérales, les ornements grecs sont
aussi abondants et encore plus gracieux ; partout le
plein cintre et les riches décors sculptés dans la

pierre. Enfin les fenêtres sont larges et laissent pénétrer la lumière à flots.

Toute cette pompe annonce la joie et la gloire ; c'est le temple grec qui s'ajoute au temple gothique, c'est l'église militante qui pressent les fêtes éternelles de l'église triomphante.

Telle est la double pensée qu'exprime Saint-Eustache ; telle est la double impression qu'il produit sur les visiteurs et qui explique le saisissement dont nous parlions tout à l'heure. Aucune église ne frappe les regards et l'imagination de la même manière, parce que nulle autre ne réunit, dans une harmonie aussi simple et aussi riche, l'architecture de la Renaissance avec l'architecture gothique.

Pour nous rendre compte de l'immense enceinte, disons que l'église Saint-Eustache, la plus vaste de Paris, après Notre-Dame, mesure 88 m. 80 c. de longueur. Elle serait plus grande que cette dernière si on lui restituait la travée avec ses deux superbes chapelles, les plus précieuses du bâtiment, qu'on a malheureusement détruite en 1754 pour bâtir le grand portail qui dépare le monument ; la largeur totale est de 42 m. 74 c.; la hauteur des grandes voûtes est de 38 m. 46 c.

Mais si ce monument solitaire parle à l'âme un langage si éloquent, les catholiques de Paris, et surtout les paroissiens de Saint-Eustache, savent quelles émotions il fait naître quand des solennités religieuses ou des fêtes musicales y attirent des foules d'environ six mille personnes. Nous citerons la clôture de l'Adoration perpétuelle et la messe de Sainte-Cécile.

Ajoutons à ces deux solennités le *Stabat Mater* de Rossini, le Vendredi Saint à une heure, et la Messe des Écoles dans le courant du mois de mars.

La première a lieu le soir. Un éclairage, sans rival à Paris, fait courir le long de la nef et du chœur deux haies de lumière bien nourrie, sortant de grands et riches candélabres, au nombre de 82, en bronze doré, et portant en totalité 2,250 becs de gaz.

Ils ont été fabriqués, en 1878, par MM. Trioullier frères, sur les dessins de M. Vaudremer, architecte, et ont coûté 45,000 francs.

A l'extrémité, le maître-autel paraît comme embrasé par des milliers de cierges ; toutes ces lueurs montent le long des colonnes et se jouent dans la voûte au milieu des sculptures en relief ; les pierres semblent se mouvoir, les statues parler ; la procession, formée par plusieurs centaines d'hommes portant des cierges allumés, se déroule dans l'immense vaisseau comme un fleuve parsemé d'étoiles ; toute l'église vibre comme un seul être vivant aux accents de la foule qui chante un hymne à la gloire de l'Eucharistie.

La solennité de Sainte-Cécile se célèbre le 22 novembre à midi ; nous y avons entendu les œuvres des plus grands maîtres, entre autres la messe en *ré* de Beethoven, la messe du Sacré-Cœur, de Gounod, etc, Un orchestre de trois cents musiciens, des chœurs d'hommes, de femmes et d'enfants alternaient avec les grandes orgues qui jouaient les fugues de Bach.

La sonorité de cette église est si excellente qu'on y jouit de cette admirable musique mieux que dans tout autre édifice.

Enfin Saint-Eustache a connu les grandes fêtes de l'éloquence. C'est là qu'en 1676, Fléchier prononça l'oraison funèbre de Turenne en présence de Louis XIV ; là que Massillon prêcha, en 1704, son fameux sermon sur le petit nombre des élus et que l'auditoire frémissant se leva, comme un seul homme lorsque l'orateur fit entendre l'appel du souverain juge.

Vous avez compris le caractère général de l'église Saint-Eustache, il est temps de la visiter en détail.

CHAPITRE II

GRANDE NEF

Entrons dans la nef. Voici le **banc d'œuvre** de Lepeautre, sur les dessins de Carteaux ; il a coûté 20,000 francs.

Le Régent avait fait enlever, pendant la nuit, de l'église Saint-Eustache, un tableau célèbre de Valentin, représentant saint Jacques à genoux, et n'en avait remis à la paroisse qu'une simple copie. Comme dédommagement de cette spoliation arbitraire, il accorda des subsides pour la construction du banc d'œuvre ; il représente le triomphe de sainte Agnès.

C'est une sorte de portique de style grec que surmonte l'apothéose de la sainte.

Des anges l'entourent : l'un porte la palme de son martyre, l'autre la couronne que Dieu lui destine.

Un autre ange, remarquable par sa grâce, suspend à la voûte un médaillon, chef-d'œuvre de sculpture, tandis que deux autres le soutiennent.

A droite et à gauche, deux tables de **marbre rouge**

où sont gravés en lettres d'or les noms des curés de Saint-Eustache. Nous y revenons plus loin.

Derrière le banc, on voit le faisceau romain entouré d'une couronne de laurier. Cet insigne lui a fait accorder grâce par les révolutionnaires qui l'ont pris pour un symbole républicain.

La chaire paraît petite et, quoique d'un travail ingénieux, n'offre rien de monumental ; les dessins de M. Baltard ont été exécutés par MM. Melon, menuisier, et Pyanet, ornemaniste. Elle a coûté 25,000 francs.

La clef de voûte de la quatrième travée, refaite en 1844, porte les armes du chancelier Séguier. Retournons-nous vers les

Grandes orgues. Le buffet présente une façade colossale de 18 mètres de hauteur sur 10 m. 50 de largeur. Elles ont coûté 220,000 francs et sont l'œuvre de M. Ducroquet, dont elles ont rendu le nom célèbre. La menuiserie a été faite sur les desseins de M. Baltard, architecte, par M. Moizy ; les ornements sont de M. Pyanet ; les grandes statues, de M. Guillaume ; les têtes d'anges et les décors les plus gracieux, de M. Pollet.

Les tourelles du positif se jettent par un encorbellement très hardi en avant de la tribune de pierre. Les frises composées de rinceaux découpés à jour portent quatre médaillons où l'on voit les portraits de Sébastien Bach, Haendel, Frescobaldi et Couperin, organistes célèbres.

Le soubassement du grand orgue offre une galerie

de colonnes corinthiennes et d'arcades réunies par une riche balustrade qui suit le contour de la corniche en pierre de la tribune. La grande montre se compose de sept tourelles reposant sur des groupes de sculpture et de deux faces gracieusement ondulées en forme d'accolade.

Des baldaquins au-dessus des tuyaux sont découpés en rinceaux, parmi lesquels on remarque des cygnes combattant des serpents, des oiseaux jouant avec des lézards et d'autres motifs capricieux, nés de la fantaisie des artistes.

Les deux angles extrêmes de la montre sont flanqués par des pilastres que couronnent des sirènes formant cariatides. Un riche entablement à modillons surmonté, entre les tourelles, tour à tour par des candélabres et des dauphins, et, au-dessus des tourelles, par des coupoles à double courbure, suit toutes les sinuosités du buffet et termine ce second étage.

Dans le couronnement, l'inspiration religieuse s'est donnée libre carrière : la frise présente une longue suite de têtes de chérubins ; la corniche, des anges qui voltigent, tenant des guirlandes, des fleurs et autres attributs.

Enfin, d'un côté, au-dessus du groupe des tourelles de gauche, Saül, furieux, brandit un javelot, tandis que, de l'autre côté, David, tenant une cythare, cherche à le calmer. Au-dessus de la tourelle du milieu s'élève la statue de sainte Cécile, patronne des musiciens, tenant d'une main la palme du martyre, appuyant l'autre sur une harpe.

Considérées comme instrument, ces orgues ont

reçu les mêmes perfectionnements que celles de Notre-Dame, de Saint-Sulpice et de la Madeleine ; mais, grâce à l'acoustique particulière de Saint-Eustache, leur puissance et leur charme sont incomparables.

M. Merklin, chargé de leur ajouter les grandes ressources des inventions modernes, a résolu le difficile problème de leur conserver les sons larges et soutenus de l'orgue ancien, qui conviennent le mieux au culte religieux, et d'y joindre les richesses variées et les délicatesses d'un orchestre complet.

Sur quatre claviers manuels et un clavier de pédales, répondent 4,356 tuyaux, à l'appel de 78 registres et de 20 pédales dont l'exécutant dispose avec une grande facilité de mouvement. L'échelle des sons, depuis l'*ut* grave de 42 pieds jusqu'au *fa* aigu de Piccolo, comprend 10 octaves.

La soufflerie, actionnée par un mécanisme ingénieux et sans effort, offre aux tuyaux 12 mètres cubes d'air comprimé à des degrés différents.

Ces orgues furent inaugurées en 1878, sous l'administration de M. Scheltien.

Anciennes orgues. On en conserve l'estampe dans le grand salon du presbytère. Le buffet était regardé comme un des plus beaux de l'Europe, mais l'instrument, quoique très considérable, était inférieur à celui d'aujourd'hui.

Le ministre Chaptal les avait fait transporter de Saint-Germain-des-Prés à Saint-Eustache en 1801. Elles furent brûlées en 1844, et celles de M. Ducro-

quet, faites au moyen d'une loterie, organisée par
M. Deguerry, curé de la paroisse, furent inaugurées
en 1854, sous l'administration de M. Goudreau. C'est
à ces orgues que M. Merklin a ajouté les perfectionnements dont nous venons de parler.

CHAPITRE III

TRANSEPT

Nous voici parvenus au milieu de l'arcade triomphale. Nous embrassons du regard toute l'architecture de l'église qui semble rayonner autour de ce centre magnifique.

Au-dessus de nos têtes, la voûte étale ses richesses et laisse retomber sa clef-pendante, œuvre hardie qui n'a pas moins de 9 mètres; deux anges de grandeur colossale étreignent la croix sur les bras de laquelle s'enlace une couronne d'épines.

Autour, à l'entre-deux des nervures, les petits pendentifs offrent des détails intéressants : ce sont des têtes d'anges ou des rinceaux entourés de fleurs et de draperies. Ils sont moins grands et moins finis que ceux qui règnent autour du chœur.

Les quatre grands piliers de l'arcade sont les plus majestueux et les plus richement sculptés.

Dirigeons-nous vers la grande croisée du midi qui est la plus ancienne.

Dans chaque encoignure, une cage d'escalier des

tourelles faisait saillie ; l'architecte les a fait servir d'ornement pour toute la croisée en les distribuant en cinq étages inégaux et en les couvrant de légers pilastres bien sculptés.

La grande rose est purement découpée et contient de beaux vitraux.

Dans la galerie la plus basse, les cinq fenêtres nous montrent, au centre, David ayant à ses côtés les quatre grands prophètes : Isaïe, Jérémie, Ézéchiel et Daniel.

Au-dessus de la porte, les vitraux d'une large fenêtre, découpée en cinq arcades, et les six hexagones, représentent la naissance de Notre-Seigneur Jésus-Christ.

Au milieu de la porte, une statue gothique de saint Jean, posée sur un gracieux trumeau de la Renaissance, rappelle l'ancienne église d'où elle est venue.

Dans le mur oriental du croisillon, il était resté un retable d'autel consacré à sainte Véronique, composé de pilastres ciselés, de niches coloriées, et surmonté d'un dais d'un travail achevé ; on y avait placé les statues de saint Pierre, saint Jacques et saint Jean, comme l'indiquaient le coq, le bâton et le cœur enflammé, caractéristiques de ces saints, sculptés dans le médaillon.

Lors de la restauration du portail, on a reproduit en face le même travail et l'on a mis trois autres statues d'apôtres qui sont celles de saint André, de saint Philippe et de saint Thomas, avec leurs caractéristiques dans la couronne du socle ; à gauche sont restées les statues qu'on voyait autrefois.

Entre les pilastres ciselés, on a installé des bas-reliefs de Devers, en terre cuite émaillée, représentant les patrons des musiciens. On y remarque saint Ambroise, auteur du rit ambrosien, et saint Grégoire, auteur du chant liturgique.

Les peintures des murailles, très brillantes, sont modernes ; les sujets encadrés dans les décors sont de Signol. Au-dessus des niches de gauche, l'évangéliste saint Marc ; dans la croisée, la sépulture de Jésus-Christ, et sa résurrection ; en face de saint Marc, saint Jean l'Évangéliste ; de chaque côté de la porte, deux médaillons, sur fond d'or, représentent la Tempérance et la Justice.

Revenons sur nos pas pour regarder la grande croisée du nord, où nous retrouverons les sculptures et les peintures des sujets qui sont le point de départ de ceux que nous venons de quitter.

A droite, les statues de saint Simon, de saint Jude et de saint Mathias ; au-dessous le bas-relief émaillé de sainte Cécile.

A gauche, les statues de saint Barthélemy, de saint Mathieu et de saint Jacques le Mineur ; dans le bas-relief, David, entouré d'anges, de patriarches et de prophètes, chante avec eux en s'accompagnant de la harpe.

Signol a peint les deux évangélistes saint Luc et saint Mathieu et deux grands sujets : la sainte Vierge et les femmes de Jérusalem rencontrant Notre-Seigneur portant sa croix, et le crucifiement. Au-dessous, dans les deux médaillons d'or, il a représenté les deux premières vertus cardinales : la Force et la Prudence.

Entre les deux petits tambours de la porte, remarquons une ravissante statue de sainte Agnès, par Delaplace. La jeune vierge, dont le visage respire l'innocence et la candeur, tient une palme et porte gracieusement sur ses bras un agneau vers lequel elle penche la tête.

Dans les angles, on a copié exactement les ornements de sculpture du portail sud.

La muraille est bien garnie de ses vitraux. Ils représentent :

1° Au-dessus du tambour, l'Annonciation de l'Incarnation de Notre-Seigneur Jésus-Christ, faite à Marie par l'archange Gabriel.

2° Au deuxième étage, saint Mathieu, saint Marc, la sainte Trinité, figurée par le Père Éternel ayant la colombe sur la poitrine et Jésus en croix dans son giron, saint Luc et saint Jean.

3° Le blason de la ville de Paris répété dans chaque encadrement

4° Dans la grande rosace, la Vierge tient l'enfant Jésus ; autour d'elle, des anges présentent des couronnes ou des encensoirs.

Douze médaillons circulaires offrent des anges qui chantent, des anges qui prient, des anges qui jouent de la harpe, des anges qui jouent de la viole.

Les invocations des litanies sont écrites tout autour dans des phylactères. Les tourelles, d'une bonne architecture, ne sont pas assez dégagées des maisons voisines qui obscurcissent l'église de ce côté.

Auprès du pilier de la porte d'entrée, se trouve un bénitier monumental qui mérite notre attention : il est d'Eugène Bion et représente le pape Alexandre II instituant l'eau bénite. Deux anges soutiennent le pontife qui foule aux pieds le démon exorcisé. Ce **beau travail n'est malheureusement qu'en plâtre.**

CHAPITRE IV

CHŒUR

Le plus vaste de Paris après celui de Notre-Dame ; il comprend les trois grandes travées qui achèvent le grand vaisseau de l'église.

Douze piliers, reposant sur deux têtes de chérubins ailés, d'une beauté vraiment angélique, supportent les voûtes et encadrent les hautes fenêtres plus étroites que celles de la nef.

Les vitraux, dont les dessins sont attribués à Philippe de Champaigne, sont signés du peintre verrier Soulignac et portent tous le millésime de 1631. Ils méritent qu'on les examine.

1re croisée à droite, en entrant dans le chœur : **Saint Germain**, évêque de Paris en 560. C'est un souvenir probable des liens de filiation qui attachaient saint Eustache à sa métropole. — **Saint Mathieu**, apôtre et évangéliste.

2e croisée : **Saint Simon** (Zelotes) et **saint Jude**, (Thadée), apôtres.

3e croisée : **Saint Thomas** et **saint Philippe**, apôtres.

4ᵉ croisée : **Saint Jacques le Majeur**, fils de Zébédée, apôtre.

5ᵉ croisée : **Saint Paul**, apôtre.

6ᵉ croisée du milieu. Dans le fronton, **Jésus-Christ** ressuscité apparaît glorieux ; près de lui, deux vases de parfums. Dans le panneau supérieur, **sainte Agnès**, avec son agneau symbolique. Au milieu, une couronne de France et l'écu, faisant allusion à **saint Louis**, troisième patron. Dans le panneau inférieur, **saint Eustache** ; près de lui, ses enfants, enlevés l'un par une louve, l'autre par un lion.

7ᵉ croisée : **Saint Pierre**, chef des apôtres.

8ᵉ croisée : **Saint André**, apôtre.

9ᵉ croisée : **Saint Jean**, apôtre et évangéliste. — **Saint Jacques le Mineur**, fils d'Alphée, apôtre.

10ᵉ croisée : **Saint Barthélemy** et **saint Mathias**, apôtres.

11ᵉ croisée : **Saint Grégoire le Grand**, pape et docteur, en 604. — **Saint Augustin**, évêque d'Hippone et docteur, en 430.

La voûte éclairée par ces vitraux est d'une richesse extraordinaire ; les combinaisons des nervures sont d'une variété étonnante ; leurs ornements et les pendentifs sont d'un merveilleux travail. La clé de voûte principale est une œuvre maîtresse ; elle se compose de neuf groupes d'anges ayant pour centre un groupe encore plus nombreux, volant dans les nuages et entrelacés dans une couronne embellie d'ornements divers. Elle forme une masse dont la retombée est d'environ 10 mètres.

Les stalles, formant quatre rangs, proviennent du couvent des chanoinesses de Picpus.

Elles furent achetées en 1795 pour la somme de 5,000 francs.

Le pavé est fait de marbre de diverses couleurs dont les morceaux sont rattachés les uns aux autres avec une si grande habileté, qu'on ne peut voir les jointures, et que toute la mosaïque semble être d'une seule pièce. Les dessins n'ont pas beaucoup de caractère.

Ce pavé fut placé en 1869 par les soins de M. Simon, curé de Saint-Eustache.

Le maître-autel, bien orienté, est l'œuvre du sculpteur Pyanet, sur les dessins de M. Baltard, architecte.

Il est élevé de huit degrés, en y comprenant les trois degrés en pierre du sanctuaire ; les cinq marches de l'autel, le tombeau et tout ce qui l'accompagne sont en marbre blanc de Paros, inaccessible à l'humidité.

Sur la façade de l'autel, on admire des sculptures d'un fini merveilleux. Au milieu, un médaillon de l'agneau immolé, couché sur le livre scellé de sept sceaux ; des grappes de raisin, des fruits variés et des épis de blé l'encadrent ; au-dessous, on lit : *Agnus Dei qui tollis peccata mundi, miserere nobis.*

A droite et à gauche de l'agneau, ainsi qu'à chaque extrémité de l'autel, est un symbole des quatre évangélistes, l'Ange, le Lion, le Taureau et l'Aigle. Ils ont chacun, au-dessous d'eux, un petit médaillon. Du côté de l'Évangile : 1° des palmes ; 2° un taureau sur un brasier, souvenirs de saint Eustache ; du côté de l'épître, un monceau de cordes et de chaines, sur lequel repose un glaive ; 3° un faisceau de palmes et de lis, souvenirs de sainte Agnès.

Entre ces ornementations, à droite et à gauche, est un semé de six croix, séparées par des épis de blé et des ceps de vigne qui symbolisent les douze apôtres et la matière du saint sacrifice.

Au centre du triple étage de gradins est une coupole pour l'exposition de la croix et du Saint-Sacrement ; elle est surmontée d'un clocheton et soutenue par quatre colonnes d'une richesse remarquable.

Sur les bases des deux colonnes de face sont deux anges tenant un voile frangé destiné à entourer le tabernacle. Ici, le marbre a tout le moelleux d'une tapisserie de velours brodé d'or ; aux extrémités des gradins s'élèvent quatre groupes de colonnettes dont chacun semble préparé à recevoir une cassolette d'encens et repose sur un soc, très orné, qui descend jusqu'à terre.

Le jeudi, dans l'octave de l'Ascension (mai 1847), Mgr Verolles, évêque de la Mantchourie, a consacré solennellement ce maître-autel. Le procès-verbal de la consécration est resté scellé dans une boîte placée sous l'autel.

Tabernacle. Ce petit temple de bronze est l'ouvrage de M. Choiselat qui l'a fait sur les dessins de M. Baltard. Il a coûté 4,500 francs.

Cet édifice, recouvert de dorure, est construit en forme de croix latine, dans un style byzantin. Ses portes, ciselées à jour avec une grande perfection de travail, sont ornées de pierres précieuses. Le fronton qui les domine présente un ornement très ingénieux dont le sujet est le mystère de la Sainte-Trinité.

La croix et les 18 chandeliers, d'un fini remarquable, ont coûté 6,000 francs.

Les lustres, d'une rare légèreté, ont coûté 3,000 fr.

Les grilles de la table de communion, faites en 1836, sont dans le goût de la Renaissance, et on loue leur mérite. Elles ont coûté 2,300 francs.

Les balustrades de pierre, de MM. Pyanet et Bex, font honneur à ces habiles artistes.

On admire, avec raison, les portes de bronze sorties des ateliers de M. Calla. Ces portes, les balustrades et les entre-colonnes du sanctuaire, ont coûté 17,000 francs.

Bas de l'Église.

Nous y revenons en descendant la nef ou les collatéraux. Arrêtons-nous d'abord à droite devant le tableau du martyre de sainte Agnès, placé sur la porte vitrée, côté nord. Il est de Caminade, d'après le Dominiquin. Voyons en passant le médaillon de Secousse.

2.

Passant à gauche, lisons sous le buste du brave Chevert l'épitaphe que d'Alembert lui a consacrée et admirons à côté, sur la porte vitrée, le beau tableau du martyre de saint Eustache, œuvre maîtresse de Simon Vouët. Il lui fut commandé par le cardinal de Richelieu et donné par Louis XIV à Saint-Eustache.

Nous allons parcourir les chapelles latérales.

CHAPITRE V

CHAPELLES LATÉRALES

Ces chapelles forment autour de l'église une couronne toute brillante de lumière et de couleurs.

Chacune est éclairée par une fenêtre haute et large, partagée en quatre compartiments par des meneaux qui s'entrelacent au-dessus des quatre arcades et concourent à former un cœur.

Les voûtes, à nervures croisées, reposent, tantôt sur la gracieuse colonne italienne, comme dans le chevet, tantôt sur des pilastres, comme le long de la nef.

Lorsqu'on nettoya les murailles de l'église en 1849, on découvrit, sous le badigeon, des peintures anciennes dans les chapelles des Saints-Anges (9e travée de droite), de Notre-Dame des Sept-Douleurs (3e travée de gauche), de Sainte-Monique (4e travée de gauche), de Sainte-Geneviève (8e travée de gauche), de Saint-Vincent de Paul (9e travée de gauche), de Sainte-Madeleine (10e travée de gauche). Il fut aussitôt décidé qu'elles seraient restaurées et qu'on donnerait à toutes les autres chapelles une décoration en rapport avec les vocables de chacune d'elles.

Les simples décors furent confiés à M. Sechant ; les peintures des demi-tympans des archivoltes, à MM. Hugot, Galland, Brémond. Elles sont tour à tour en grisailles et en coloris et composent un ensemble aussi harmonieux que riche ; on admire surtout l'élégance des ornements qui couvrent les frises des façades. Au centre, on a rétabli les blasons des fondateurs.

Travées de droite.

1re *travée*. Chapelle de la Ville de Paris.

Le défaut de profondeur de cette chapelle empêche qu'elle soit utilisée pour le culte.

Elle était nommée autrefois la chapelle de M. Séguier et reçut les restes de quelques-uns de ses parents ; quant à Pierre Séguier, président du grand conseil et chancelier de France, il fut inhumé à Saint-André-des-Arts, en 1580, où était le tombeau de sa famille. Cependant celui-ci habita longtemps, sur la paroisse, l'hôtel Séguier, qui devint en 1660 l'hôtel de Condé, et, en 1704, l'hôtel des Fermes, rue des Grenelles.

Elle est consacrée aux inscriptions. Une entre autres est très précieuse pour l'histoire de Saint-Eustache. La voici :

« L'an mil six cent trente-sept, le vingt-sixième jour d'avril, deuxième dimanche après Pâques, cette église ayant été rebastie de fonds en comble a été de

nouveau desdiée et consacrée, avec le maistre autel
d'icelle, à l'honneur de Dieu, soubs l'invocation de
la bienheureuse Vierge Marie et des bienheureux
martyrs sainct Eustache et saincte Agnès et de sainct
Louis, confesseur, jadis roy de France, par révéren-
dissime père en Dieu, messire Jean-François de Gondi,
premier archevêque de Paris, conseiller du Roi en
ses conseils, commandeur de ses ordres et grand
maistre de la chapelle de sa majesté. Ce requérant,
vénérable et discrète personne maistre Estienne Tonnelier, prebstre, docteur en théologie et curé de la
dicte église, avec haut et puissant seigneur Mons. P.
Seguier, chevalier, chancelier de France, M. maistre
Gratien Menardeau, conseiller du Roi en la cour du
Parlement, honorables Jean Bachelier et Charles Gour-
lin, marchands bourgeois de Paris, au nom et comme
marguilliers de l'œuvre et fabrique d'icelle église. Et
a le dit sieur Archevêque donné indulgence en la
forme ordinaire de l'église à tous ceulx et celles qui
visiteront annuellement la dicte église le deuxième
dimanche d'après Pasques, jour et feste de la dédicace d'icelle. »

Au-dessous de la grande croisée, à la base des colonnettes, on lit le millésime de 1580 ; et dans l'intérieur de la chapelle celui de 1776. On y voit enfin
le blason de la Ville de Paris qui lui a donné son
nom.

2ᵉ *travée*. **Chapelle du Calvaire.** — Au commencement de ce siècle, elle fut consacrée au Calvaire. En souvenir d'une mission prêchée en 1825,

on y a placé une croix monumentale qui est restée l'objet d'une dévotion populaire. Elle sert de lieu de réunion au tiers ordre de Saint-François d'Assise.

On y honore une relique de l'impératrice sainte Hélène, qui retrouva la vraie croix de Notre-Seigneur Jésus-Christ.

Son authentique, délivré par Msr Sibour, archevêque de Paris, porte la date du 18 août 1851.

Cette travée porte, au-dessous de la grande croisée, à la base des colonnettes, le millésime de 1580, et dans l'intérieur de la chapelle, au vitrail, celui de 1787.

On remarque la décoration de l'intérieur; du côté du chœur, le nom de Jéhovah, encadré dans des chandeliers antiques d'un très bel effet; au-dessous, la colombe, figure du Saint-Esprit. C'est la Trinité autour du drame de la Passion.

Elle fut autrefois consacrée à saint Pierre, puis à saint Simon. Fondée par les comtes de Castille, vers 1600, dont elle porte le blason.

Plusieurs membres de cette famille y furent inhumés.

3° *travée*. **Chapelle de Sainte-Cécile**, patronne de la musique, dédiée au nom des artistes musiciens de Paris qui célèbrent leurs principales solennités à Saint-Eustache.

On y honore les reliques de cette aimable sainte, vierge et martyre, constatées véritables par un authentique signé du cardinal-vicaire du pape Pie IX, en date du 28 novembre 1853.

Au-dessous de la grande croisée, dans la base des

colonnettes, on lit le millésime de 1580; au-dessus de la grande croisée, celui de 1621.

Dans l'intérieur, on a retrouvé, sous le badigeon, des peintures qui représentent une jeune vierge, martyre, tenant le glaive et accompagnée d'un vieillard anachorète. On croit y reconnaître sainte Cécile et saint Léonard, ermite en Limousin, dont le culte était autrefois en honneur à Saint-Eustache. Ces peintures ont été restaurées par M. Basset.

Le musicien Rameau ayant été inhumé dans l'église en 1764, la Société des compositeurs de musique a fait placer, en 1883, une plaque de marbre commémorative.

Sur le devant de l'autel, on remarque une peinture sur bois représentant le corps de sainte Cécile, tel qu'il fut découvert dans les catacombes par le pape Pascal Ier, en 822, retrouvé par le pape Clément VIII, en 1599, et sculpté sur son tombeau par Maduna.

Au-dessus de l'autel, un tableau représentant le mariage de sainte Cécile, par Brunet.

Cette chapelle fut vendue, en 1624, à Claude de Montescot, trésorier des parties casuelles, dont elle porte le blason. Elle fut le lieu de sépulture de sa famille.

4e *travée*. **Chapelle des Saints-Innocents, naguère chapelle de Saint-Joseph.**

Cette travée porte, au-dessus de la grande croisée, le millésime de 1621.

Les peintures de la chapelle sont de MM. Barre et Gourlier. En face de l'autel, on voit saint Joseph, prenant son repos, couché sur l'établi ; un ange lui apporte le lis de la virginité. Au-dessus on lit l'inscription : *Joseph de domo David*, et, dans l'éloignement, on voit l'image du saint roi son ancêtre.

Du côté de l'autel, une niche richement sculptée.

Deux anges sont peints tout auprès, l'un tient une couronne de roses, symbole de pureté. Au pied de ces anges est un coussin sur lequel sont posés les instruments du travail, une règle et un compas.

Primitivement dédiée à la Trinité, cette chapelle le fut ensuite au Saint-Esprit vers 1622 et à l'ange gardien en 1800. Mais les peintures qu'on a retrouvées sous le badigeon avaient permis d'y transporter le culte de saint Joseph.

Dès 1588, elle fut dite des Chantereau-Lestang dont elle porte le blason, parce qu'elle fut achetée à cette époque par cette famille pour la somme de 1,100 livres.

5ᵉ *travée*. **Chapelle des âmes du Purgatoire** (1). —Elle possède deux précieuses reliques : un fragment du sépulcre de Notre-Seigneur Jésus-Christ et un autre de la colonne de la flagellation. L'authentique de la première relique est signé par le cardinal Patrizzi, en date du 14 février 1843 ; celui de la seconde porte la signature de Porphyre, prélat sacriste du Saint-Père, en date du 21 mai 1829.

Sur l'autel, un beau groupe d'Etex. Jésus-Christ est attaché à la colonne entre deux anges désolés.

(1) Tous les pemiers lundis du mois, on y célèbre une **messe** de *Requiem* pour les défunts de la paroisse.

Vis-à-vis une admirable statue de femme ; elle élève vers son Rédempteur ses yeux suppliants où se lisent les douleurs et les espérances des âmes du purgatoire.

Cette travée porte au-dessus de la grande croisée le millésime de 1622.

Les peintures sont de H. Margimel. Le Christ descend dans les limbes, les justes viennent l'entourer, inondés de sa lumière surnaturelle ; ils forment deux groupes ; à la tête de l'un on voit Moïse tenant les Tables de la loi ; David est à la tête de l'autre, se frappant la poitrine et représentant ainsi la loi violée.

Au bas sont Adam et Ève avec leurs enfants, demandant pardon de leurs fautes à Jésus-Christ, qui est sur un nuage au-dessus d'eux et dont le geste les enveloppe de sa miséricorde.

Au premier plan les flammes du purgatoire. Aux pieds du Christ, le serpent écrasé. Auprès d'Adam, le fruit défendu.

On lit au bas cette inscription : *Ecce agnus Dei qui tollit peccatum mundi*. Le devant d'autel, en bois sculpté, est fort estimé des artistes ; il représente Jésus au Jardin des Olives.

Autrefois, cette chapelle portait le vocable du Saint-Sépulcre. Elle fut fondée par la famille Gentien ou Gentian dont elle porte le blason.

6ᵉ *travée*. **Chapelle du Sacré-Cœur.** — Elle est entretenue par deux confréries, du Sacré-Cœur et du Saint-Sacrement, qui y tiennent leurs réunions tous

les premiers vendredis du mois. Les peintures sont de
M. de Larivière.

A gauche de l'autel, on voit l'image ensanglantée
de Jésus-Christ qui laisse échapper de son cœur entr'ouvert des flammes d'amour.

Au bas sont : le pape Clément XIII, protecteur zélé
de la dévotion au Sacré-Cœur ; la bienheureuse Marguerite Alacoque, de l'ordre de la Visitation, à qui
elle fut révélée ; le Père La Colombière, jésuite, qui
en fut le plus ardent promoteur ; enfin M⁺ de Bel-
zunce, évêque de Marseille, consacrant sa ville épiscopale au Sacré-Cœur de Jésus pour obtenir la ces-
sation de la peste. A ses pieds, une mère meurt de
chagrin près de son enfant frappé par le fléau.

Sur le mur opposé, l'image de Marie, le cœur percé
d'un glaive de douleur, jette sur les foules malheu-
reuses un regard de miséricordieuse tendresse et leur
tend ses bras maternels.

Au-dessus, on lit cette inscription : *Ego mater pul-
chræ dilectionis.*

La voûte est peuplée d'anges. Les uns adorent le
Sacré-Cœur couronné d'épines ; deux autres se donnent
le baiser fraternel de la paix ; un autre tient le calice
d'amertume, enfin deux autres présentent à lire ce
texte : *Sicut dilexit me Pater, ego dilexi vos.*

Le tableau, à gauche de l'autel, a été peint en 1843
par Mˡˡᵉ Desplat.

Fondée par les frères de Guillaume Morot, conseiller du roi et contrôleur des finances, cette chapelle fut ensuite possédée par la famille de Puysieux
qui habitait l'hôtel d'Aligre, rue d'Orléans. Elle a

porté plusieurs titres; vers 1608, elle était consacrée aux rois mages; vers 1780, elle portait le titre de Saint-Jean-Baptiste, à cause du sépulcre des Armenonville qui s'y trouvait. En 1800, on y honorait saint Augustin. Enfin, en 1843, elle fut dédiée au Sacré-Cœur par M. Collin, curé de Saint-Eustache.

Pendant que cette chapelle était dédiée à saint Jean-Baptiste, la confrérie des marchands passeurs de peaux s'y réunissait; nous lisons dans les archives qu'on y honorait alors, en même temps, la sainte Vierge Marie et le glorieux saint Quentin.

M. Quignard, curé de la paroisse, vient de donner à cette chapelle un bel autel en pierre dont le bas-relief représente l'apparition de Notre-Seigneur Jésus-Christ à la bienheureuse Marie Alacoque.

7e *travée*. **Chapelle de Sainte-Agnès.** — On y honore les reliques de cette sainte, vierge et martyre, qui était primitivement patronne titulaire de la paroisse et qui en est restée patronne secondaire. Ces reliques sont certifiées véritables par un authentique général de Msr Sibour, archevêque de Paris, en date du 20 mai 1851, dans lequel on résume tous les autres authentiques particuliers. Il en résulte que le reliquaire contient :

1° Trois os des doigts de sainte Agnès, provenant de l'abbaye de Saint-Corentin, près Septeuil;

2° Des fragments d'une de ses côtes, provenant du cimetière de Sainte-Priscille, à Rome, donnés par Marie-Félix des Ursins, duchesse de Montmorency, supérieure de la Visitation de Moulins.

3° Des parcelles des corps de sainte Blande, sainte Théodore, sainte Illuminate, compagnes de sainte Agnès, provenant de la Sorbonne.

Les peintures sont de M. Vauchelet.

Au-dessus de l'autel, sainte Agnès est en prières choisissant Jésus pour son unique époux. Trois anges sont à ses côtés, la félicitant et lui offrant la couronne et la palme. Du haut des cieux, Jésus-Christ contemple avec amour la jeune vierge et verse sur elle les rayons de sa lumière.

Au mur opposé, sainte Agnès est à genoux sur le bûcher, élevant ses mains vers le ciel. La flamme, se détournant, renverse le bourreau qui l'a allumé. Un autre bourreau saisit le poignard, et frappe la sainte.

Dans les voussures, des anges portent des palmes et des couronnes entrelacées avec le nom d'Agnès; ils jettent des fleurs et chantent des hymnes.

Dans le principe, cette chapelle était dite de M. Mus. Elle devint la propriété de la famille de Rouillé, alliée à celle de Lecouteulx de Canteleu, dont elle porte les deux blasons au fronton.

Primitivement elle fut dédiée à sainte Marguerite et plus tard à saint Joseph. En 1850, on transporta le culte de ce saint à la quatrième travée, et on mit à sa place celui de sainte Agnès. En 1853, on retrouva dans la chapelle où cette sainte était honorée des peintures antiques se rapportant à sainte Anne.

8ᵉ *travée.* **Chapelle Sainte-Anne.** — Autrefois patronne du clergé de la paroisse et particulièrement honorée par les dames de la Halle. On y expose une de ses reliques, dont l'authentique est signé par Mᵍʳ Sibour, archevêque de Paris, en date du 18 avril 1851.

Au-dessus de l'autel, le tableau représente sainte Anne faisant lire la sainte Vierge.

Les peintures sont de M. Lazerges. D'un côté, sainte Anne consacre Marie au temple ; du haut du ciel, Dieu accepte cette consécration. De l'autre côté, on voit la mort de sainte Anne et son entrée dans le ciel. Dans la voûte, de petits anges se livrent à la joie.

Fondée en 1342 par demoiselle Marie La Pointe, dite la Pastoière ou la Pâtissière (Pastillaria), dont Jean Hallegrin fut l'exécuteur testamentaire, elle était alors, comme chapellenie, à la collation de l'évêque de Paris.

Reconstruite à l'époque de l'agrandissement de l'église, en 1486, elle passa à la famille de Mathieu de Nanterre, président au Parlement. Sa fille, Simone-Geneviève de Nanterre, veuve de Jean Leviste, président à la Cour des aides, en termina l'acquisition.

Elle fut plus tard à la nomination de Jean-Baptiste Machault, conseiller au Parlement et descendant de la famille de Nanterre, lequel, ayant perdu, en 1632, sa femme Louise de Monsey, se fit prêtre, et mourut âgé de 80 ans. Il fut inhumé dans cette chapelle en 1635, et comme il en avait la propriété, ses armes la distinguaient.

Elle fut consacrée, dans le principe, sous le triple vocable de Notre-Dame de Pitié, de saint Adrien et de saint Hubert. Elle était connue sous le premier de ces titres du vivant de la famille de Nanterre, sous le second vers 1750. On la dédia plus tard, d'abord à saint Jacques et à sainte Anne réunis, puis tout récemment à sainte Anne seule.

Elle porte le blason des Machault.

9e *travée*. **Chapelle des saints Anges.** — On y vénère les reliques de saint Thomas d'Aquin, le plus grand des théologiens, certifiées véritables par un authentique de Mgr Sibour, archevêque de Paris, en date du 10 avril 1851.

La verrière porte le millésime de 1777.

Les peintures retrouvées sous le badigeon ont été restaurées par M. Cornu.

En face de l'autel, le Père éternel, entouré de ses anges, contemple le triomphe de l'archange saint Michel qui précipite dans l'enfer les démons révoltés.

Au-dessus de l'autel, Jésus-Christ se montre dans sa gloire. A ses pieds, sainte Radegonde, reine de France, qui vivait vers 580, et sainte Lucrèce, vierge martyre, à Mérida, en Espagne, vers 304.

On a désigné autrefois la chapelle par le nom de ces deux saintes, et, le plus souvent, sous le seul vocable de sainte Lucrèce. En bas, quatre donateurs agenouillés ; le premier et le deuxième, en costume de chevaliers ; le troisième est prêtre, le quatrième porte l'habit des bourgeois du xve siècle.

Sur l'autel, le tableau représente trois anges et est signé Cambon, 1866.

Avec les peintures primitives, on a découvert les armoiries, restées intactes, des Duval.

Les recherches, faites à la Bibliothèque, ont fait aussi retrouver la famille qu'elles indiquaient : on lit d'ailleurs dans le *Catalogue des conseillers du parlement* (Blanchard, in-folio 1645) que Nicole Duval fut conseiller du roi en 1542, Jérôme Duval en 1543. Ce dernier était fils de Jean Duval, changeur du Trésor, receveur et payeur des gages de messieurs du Parlement, et de Jeanne de Villiers, sa troisième femme. Jean Duval fut reçu conseiller en 1584, Nicolas en 1585.

Une dame de Corbie, seigneuresse de Mareuil et de Brévanes, épousa un Germain Duval, seigneur de Mesnel, conseiller et secrétaire du roi, d'où naquirent Tristan Duval, ambassadeur à Rome, et Catherine Duval, femme de Christophe de Harlay, seigneur de Beaumont, président au Parlement et père du premier président de Harlay. L'un des membres de cette famille fut décoré des grands ordres, ainsi que le porte le blason retrouvé.

En étudiant cette généalogie, nous croyons pouvoir affirmer que les donateurs peints au-dessus de l'autel sont, d'abord, les trois fils de Tristan Duval, seigneur de Fontenay et Mareuil, à savoir Pierre Duval, qui devint évêque de Séez ; Germain Duval, conseiller du roi en 1523, et qui épousa Marie de Corbie ; Jean Duval, conseiller du roi, en 1584, et changeur du Trésor dont nous venons de parler ; enfin le quatrième, vêtu comme un bourgeois, serait le fils de ce dernier, Jérôme qui ne s'éleva que plus tard à la dignité de son père.

Connue sous l'invocation de sainte Lucrèce et de sainte Radegonde, en 1780, cette chapelle a fini par porter de préférence le vocable que semblaient lui affecter ses peintures, à savoir celui des saints Anges.

Une confrérie, érigée sous l'invocation de sainte Geneviève, saint Michel et les saints Anges gardiens, en 1408, s'y réunissait. Elle dura jusqu'en 1783, comme le prouve une liste dressée par Vernel fils, *clerc de la dicte confrérie.*

10ᵉ *travée*. **Chapelle de Saint-André.** — Ce fut son titre dès l'origine de l'église. On y vénère des reliques de saint André et de saint Philippe, apôtres, cachetées d'un sceau épiscopal très ancien.

Au-dessus de la grande croisée, on lit le millésime de 1629.

Les peintures sont de M. Pils.

En face de l'autel, saint André est cloué à la croix transversale ; un cavalier, portant l'aigle romaine, repousse une femme chrétienne venue avec son enfant pour recueillir le sang de l'apôtre martyr. Au-dessus de l'autel, saint André est porté au ciel par les anges. Un autre tableau placé, aussi sur l'autel, nous représente Notre-Seigneur, saint Pierre et saint André ; il est signé de Rigo.

A la voûte, on voit de petits anges : les uns portent un phylactère où se lit le nom *Andreas ;* les autres tiennent le marteau et les clous, quelques-uns des linges imbibés de sang.

Appelée, dans le principe, la chapelle des Points-Lasne (Pungens-Asinum), parce qu'elle fut fondée par Guillaume Points-Lasne, cette chapelle devint la propriété de la dame Isabelle de Gif, et, en 1330, du seigneur de Bures.

La communauté des peintres et sculpteurs de l'Académie royale, qui tint ses assemblées dans le commencement de sa fondation, rue Traînée, avant d'être admise au Louvre par une distinction généreuse de Louis XIV, adopta cette chapelle pour local de ses réunions religieuses. Elle y fit sculpter ses armes que l'on a retrouvées sous le badigeon.

Ce sont celles (trois petits écussons) que, dès le moyen âge, les artistes et les communautés d'artistes se sont attribuées pour signifier la Trinité héraldique de la musique, la peinture et la sculpture. Albert Dürer, Lebrun et Coizevox s'en sont servis pour sceller, aussi bien que l'Académie de Paris. Antoine de Recouvrance y ajoutait déjà la fleur de lis de France.

C'est à tort qu'on avait entouré ces armoiries d'accessoires, tels que drapeaux fleurdelisés, croisés sous l'écusson, casque de front et couronne de Marquis, car les armes d'une communauté ne comportent aucun ornement héraldique extérieur.

C'est une des chapelles dont il est le plus question dans l'histoire ; elle est, sinon la première, au moins l'une des plus anciennes de l'église. Elle fut toujours consacrée à saint André, et pendant un temps, simultanément à saint Jude, qui, probablement, y avait un tableau. Vers 1780, saint Joseph y fut honoré d'une manière spéciale, mais elle a repris son premier vocable après la Révolution et elle l'a conservé.

Relativement à la communauté des peintres et des sculpteurs, on lit dans la chronique qu'elle se réunit

3.

d'abord, sous l'inspiration principale de Le Brun, chez le sieur Martin de Charmois, seigneur de Lauré, secrétaire du maréchal Schomberg.

Charmois, plein de zèle pour les beaux-arts, fut l'auteur de la requête au roi, par laquelle les artistes de la communauté naissante demandaient l'affranchissement d'une maîtrise; elle était signée Le Brun, Sarrazin, Perrier, Bourdon, de la Hire, Corneille, Juste d'Egmont, Vanobstat, Hanse, de Guernier, Errard, Van-Mol, Guillier et Eustache Lesueur.

Appuyés par le chancelier Séguier, ils obtinrent du conseil royal un arrêt favorable; le sieur de la Vrillière unit son crédit à celui du grand chancelier.

Les statuts une fois composés, Charmois emprunta d'un de ses amis un appartement dans sa maison, située rue Traînée, près Saint-Eustache, et ce fut là que l'Académie fit l'ouverture de ses séances. Dans le cours de février 1648, elle loua une autre maison, nommée *l'hôtel Clisson*, rue des Deux-Boules.

On s'y assembla jusqu'à l'époque où, malgré les brigues de Mignard, malgré une jalouse mésintelligence entre des savants qui auraient dû s'estimer et se soutenir, l'Académie fut reconnue et constituée définitivement par arrêt du Parlement, le roi Louis XIV lui accordant une salle au vieux Louvre; ce fut en avril 1692.

La paroisse Saint-Eustache ne fut pas moins le berceau de l'Académie de peinture et de sculpture, comme elle l'était de la célèbre compagnie de l'Académie française, qui tint ses premières réunions chez le président Séguier. C'est là ce qui explique son affection pour cette église, et ce qui donne la raison de ses armoiries, sculptées au fronton de la chapelle Saint-André.

11e *travée*. **Chapelle de la Miséricorde.** — Avant la Révolution, on l'avait transformée en porte de l'église.

Les peintures sont de MM. Damery et Biennoury, elles représentent les œuvres de la miséricorde corporelle : d'un côté, le pain est distribué à ceux qui ont faim, les vêtements à ceux qui sont nus; les prisonniers sont visités, les esclaves rachetés. De l'autre côté, les malades et les infirmes sont assistés, le voyageur et l'orphelin reçoivent un asile, les morts sont ensevelis.

A la voûte, quatre anges représentent les quatre vertus cardinales : la Prudence, la Force, la Justice et la Tempérance dont ils tiennent les caractéristiques.

Elle porte le blason de Richelieu.

Possédée, en 1337, par Pierre de Villiers, qui avait été trésorier de l'église de l'hôpital de Saint-Jacques aux-Pèlerins, elle fut probablement érigée par les soins du cardinal Richelieu. Au reste, sous le badigeon, on a bien retrouvé les insignes du cardinalat, mais on n'a pu faire revivre le centre de l'écu, qui pouvait également s'appliquer au cardinal Mazarin.

On a eu l'idée d'y figurer le blason de Richelieu comme souvenir du Palais-Royal, son habitation, située sur l'ancienne paroisse.

Piganiol, qui désigne cette chapelle sous le titre de chapelle du cardinal-duc de Mazarin, dit qu'elle était placée sous le triple vocable de Notre-Dame-

de-Bonne-Délivrance, de saint Christophe et de saint
Léonard. On y ajouta saint Lié en 1482.

Là s'assemblaient les confrères marchands fruitiers
et orangers. Elle fut dénaturée probablement à
l'époque de la construction du grand portail, et on
la convertit en une porte d'utilité publique.

Elle s'appellera, avec le temps, la porte de la Miséricorde, à cause des belles peintures qui la décorent.

On y a retrouvé, en 1848, les tombes de la famille
de la Vrillière, qui demeurait à l'hôtel de ce nom,
devenu la Banque de France.

12e *travée*. **Chapelle des catéchismes.** — Placée
sous l'invocation de Marie Immaculée et de sainte
Catherine. On y vénère des reliques de sainte Catherine et de sainte Ursule. L'authentique de la première est signé par le cardinal Patrizzi, en date du
13 février 1843 ; celui de la seconde est signé par Mgr Sibour, archevêque de Paris, en date du 19 mars 1855.

Au-dessus de la grande croisée, on lit le millésime de 1627.

Les peintures sont de M. Signol.

A gauche, la Théologie, avec ce texte : *Ego sum lux
mundi ;* au-dessous d'elle, Jésus enfant au milieu des
docteurs, avec ce texte : *Stupebant super prudentia
et responsis ejus.*

A droite, la Charité enseignante, avec ce texte :
Ego sum panis vitæ. Au-dessous, Jésus appelle à lui
tous les petits enfants et les bénit : *Et imponens
manus super illos, benedicebat eos.*

Au centre, la Vierge présente au monde l'enfant

Jésus ; des anges l'entourent. Au bas, on lit le texte :
Ego sum ostium ; per me si quis introierit, salvabitur.

Au-dessous, sainte Catherine et sainte Ursule, patronnes des jeunes filles.

Le plafond présente les emblèmes de la première communion et de la confirmation, et les quatre livres des Évangiles, portés par des anges. On remarque les sculptures de la balustrade de l'escalier qui conduit à la salle des catéchismes et l'ancienne grille en fer qui le sépare du public.

Montons quelques marches, tout en admirant ce ravissant escalier, pénétrons dans la chapelle des catéchismes. Elle vient d'être restauré eaux frais de M. le curé.

Une élégante tribune a remplacé l'ancienne, qui était massive et encombrante. L'autel a été refait, des vitraux en grisailles ont été posés, le gaz installé, enfin la chapelle est entièrement transformée.

Elle porte le blason de la famille d'Orléans et fut érigée en 1403 par Louis d'Orléans, frère du roi Charles VI, en l'honneur de saint Michel et des neuf benoîts ordres des anges. Il y avait fondé des messes par son testament du 19 septembre, même année.

En 1602, elle fut vendue au président Forget, et dès 1682, elle avait été changée en une sacristie et en salle des mariages. Il y avait, cependant, un autel où l'on conservait des reliques de saint Étienne, premier martyr, d'où elle prenait quelquefois ce vocable.

Vers 1810, lorsque la sacristie fut placée où elle est maintenant, on la consacra aux réunions des catéchismes de persévérance et son autel fut dédié à l'Immaculée Conception.

GRANDE TRAVÉE DE L'ABSIDE.

Chemin de la croix. — Avant d'entrer dans la chapelle de la Sainte-Vierge, jetons un coup d'œil sur le chemin de la croix en bas-reliefs de bronze : travail remarquable. Il fut inauguré en 1834 ; il a coûté 1,500 francs.

Chapelle de la Sainte-Vierge.

Elle a été restaurée et embellie par la Ville de Paris, en 1846.

On y vénère les reliques de saint Bernard, de saint François de Sales et de sainte Chantal, certifiées authentiques par un acte de Mgr Sibour, en date du 19 mars 1855.

Les arceaux de la chapelle sont bien ouverts, d'un bel aspect et tout à fait en harmonie avec l'architecture générale de l'église. En avant, se dessinent les litanies de la sainte Vierge, dont les principales invocations sont figurées avec délicatesse.

Ary-Scheffer fut d'abord chargé des peintures ; mais après trois ans d'études sans résultat, il se démit de ses engagements. M. Couture le remplaça et fit les trois tableaux où règne une pensée unique, la puissance d'intercession de la Vierge Marie.

Dans le tableau du milieu, Marie triomphe au ciel : Jésus, qu'elle porte dans ses bras, bénit sur la terre un temple nouveau qui est l'église Saint Eustache.

Dans le tableau de gauche, Marie est glorifiée comme étoile de la mer.

Dans le tableau de droite, elle protège les faibles et les malheureux qui l'invoquent.

L'inspiration religieuse a fait défaut au peintre qui cependant a déployé un grand art.

Les vitraux sont de Thévenot sur les dessins d'Augustin Hesse.

Le 28 décembre 1804, le pape Pie VII, venu à Paris pour sacrer l'empereur Napoléon Ier, bénit solennellement la statue de la sainte Vierge, œuvre magistrale de Pigale, faite en 1748. Cette statue mesure 2m,12; elle appartenait au dôme des Invalides et avait été achetée, le 10 février de la même année, par M. Bossu, curé de Saint-Eustache, au prix très modique de 3,000 francs.

L'autel est remarquable par sa richesse et le fini du travail; l'orgue, acquis par la confrérie de la Sainte-Vierge, a coûté 2,000 francs, mais sa valeur artistique est d'un plus haut prix.

Autrefois, cette chapelle faisait l'admiration de Sauval par la richesse de ses marbres, la perfection des boiseries sculptées, les grands tableaux de maîtres et les épitaphes qu'on y voyait.

Dans son origine, elle était sous le vocable de Notre-Dame-de-Bonne-Délivrance; plus tard, elle fut sous celui de Notre-Dame-de-Bon-Secours, bien avant 1662, époque où cette société obtint son existence légale dans la paroisse.

Plusieurs corporations y célébraient aussi leurs

fêtes religieuses, entre autres les marchands de salines et les marchands de marée.

Ne quittons pas cette chapelle sans jeter un coup d'œil sur les deux colonnes de marbre qui sont à l'entrée : l'une supporte l'ange Gabriel et l'autre saint Michel.

Elle a été restaurée de nouveau après la commune, en 1871.

TRAVÉES DE GAUCHE

12ᵉ *travée.* **Chapelle de Saint-Louis de Gonzague**, consacrée aux catéchismes des garçons. On y vénère une relique de saint Louis de Gonzague certifiée véritable par un authentique du cardinal Fornari, en date du 13 septembre 1850.

Les peintures sont de **M. Bezard.**

A gauche, saint Louis de Gonzague, âgé de douze ans, se démet du marquisat de Châtillon en faveur de son frère Rodolphe.

Au-dessus, le saint communie pour la première fois des mains de saint Charles Borromée.

En face, il est en prières.

Au-dessous, il se dévoue à soigner les pestiférés.

Cette chapelle fut fondée en 1352 par Jean de Fontenay et dotée de 20 livres de rente sur diverses maisons de la censive épiscopale. Elle devint la propriété de Colbert, dont la famille y eut des tombes.

Elle donne entrée à une autre chapelle placée sous les charniers, où fut érigé, en 1700, un autel en l'honneur de Notre-Dame des Vertus. Cette dédicace fut changée pour celle du Saint Sacrement, d'où la chapelle reçut souvent le nom de chapelle de la communion.

Le tombeau de Colbert, seul monument qui reste dans la chapelle, a été fait sur les dessins de Lebrun. Il se compose d'un sarcophage de marbre noir, surmonté de la statue de Colbert en marbre blanc, sortie du ciseau de Coysevox. Au bas sont les figures allégoriques de l'abondance et de la fidélité également en marbre blanc.

Colbert est représenté revêtu du riche costume de l'ordre du Saint-Esprit : il est à genoux les mains jointes et dans l'attitude de la prière. La tête est d'une belle expression, les draperies sont d'une habileté singulière et les mains admirables.

Autrefois une statue d'ange tenant un livre ouvert devant Colbert ornait le haut du monument ; mais elle a été brisée en 1793. La statue de l'Abondance est aussi de Coysevox.

La confrérie des jurés porteurs de blé, en 1410, et la confrérie du Saint-Sacrement, en majeure partie composée de passeurs de peaux en 1421, avaient adopté la chapelle de Colbert pour lieu de leurs réunions.

11e *travée*. **Chapelle de Saint-Pierre l'exorciste.** — On y vénère les reliques du saint, provenant de Rome et dont l'authentique est signé par le **cardinal Caprara**, en date du 9 septembre 1803.

Au-dessus de la grande croisée on lit le millésime de 1626.

Les peintures sont de **M.** Delorme. D'un côté, saint Pierre l'exorciste guérit la fille de son geôlier; au-dessus, Jésus-Christ bénit le zèle de son ministre.

A l'opposé, des soldats martyrisent le saint au milieu d'une forêt.

Dans les voussures, les anges portent les instruments de la Passion. Sur l'autel, un tableau signé Jordaens : *les disciples d'Emmaüs.* Fondée en 1407 par le sieur Jehan Lemire, et dotée par Jehanne Lamiresse, sa femme, d'une rente de 8 livres parisis ; elle devint, en 1580, la propriété de la famille Nogaret de la Valette.

Consacrée d'abord à sainte Christine, elle fut mise plus tard sous le vocable de saint Pierre l'exorciste, et après la Révolution, elle reprit sa destination qui n'a point changé.

10° *travée*. Chapelle de Sainte-Marie-Madeleine. — On y vénère ses reliques provenant du reliquaire de l'église de la Madeleine, données par Mgr Sibour, archevêque de Paris, revêtues de son sceau et munies d'un authentique, en date du 20 mars 1855.

Les peintures ont été restaurées par MM. Basset et Haro.

1° En haut, l'onction des pieds du Sauveur, chez Simon, par Marie-Madeleine.

2° Au-dessous, Marie, assise aux pieds de Jésus-Christ, écoute ses paroles en compagnie de Lazare et de quelques autres disciples ; Marthe lui reproche de la laisser seule chargée du soin de préparer le repas.

Du côté de l'autel :

1o Marie-Madeleine et les autres saintes femmes viennent au sépulcre ;

2o Au-dessus, elle est retirée à la Sainte-Baume où elle termine sa vie dans la pénitence.

Au plafond, des anges chantent des hymnes.

Sous la croisée en grisailles, des anges tiennent les insignes de la Passion.

Sur l'autel, un tableau de M. Besson-Faustin représente les anges au tombeau de Marie-Madeleine ; il fut commandé par le préfet de la Seine et figura au Salon de 1852.

Cette chapelle fondée par Charles, comte de Valois, duc d'Angoulême, fils naturel de Charles IX et de Marie Touchet de Belleville, veuve de François de Balzac, reçut de lui une rente de 40 livres. Son fils, Philippe de Valois, assit cette rente, en 1331, sur la prévôté de Torcy. La chapelle porte, avec les armes, les chiffres entrelacés C. V. de son fondateur, qui fut inhumé aux Minimes de la place Royale.

Consacrée d'abord, ainsi que l'indiquent ses peintures très anciennes et retrouvées suffisamment reconnaissables, à Marie-Madeleine, elle fut dédiée, en 1803, à sainte Agnès, dont le martyre y était représenté dans un bas-relief formant pendant à celui de saint Eustache et dû au ciseau de M. Francin, comme celui-ci.

Elle a repris son premier vocable.

9e *travée*. Chapelle de Saint-Vincent-de-Paul.

— On y vénère plusieurs reliques de ce saint ainsi que celles de plusieurs martyrs. L'authentique est revêtu du sceau de Mgr Juigné, archevêque de Paris.

M. Serrur a restauré, en les modifiant heureusement, les anciennes peintures :

1° A droite, du côté de l'autel, saint Joachim à genoux devant un ange qui lui ordonne de consacrer sa fille à Dieu ; sur le second plan, saint Joachim rencontre sainte Anne et lui fait part de sa vision : sainte Anne, les mains croisées sur la poitrine, s'incline respectueusement.

2° Au-dessus, la présentation de la sainte Vierge au temple. Les parents l'accompagnent, le grand prêtre Zacharie lui tend les bras pour la recevoir. La donatrice, Anne de Monsigot, est assise sur les marches du sanctuaire ; un de ses enfants debout, appuyé sur ses genoux, contemple la scène. Derrière, un autre enfant portant, ainsi que sa mère, le costume du temps de Louis XIII.

3° Au bas de ce grand tableau, deux anges, assis sur la corniche d'un fronton, portent, l'un une palme, l'autre une branche d'olivier. Au milieu sont les armes de la donatrice.

4° Dans le cintre, en face de l'autel, saint Jean l'Evangéliste écrit l'Apocalypse, l'aigle à sa gauche, la bête à sept têtes à sa droite. La Vierge apparaît dans le ciel, les bras ouverts ; au-dessous d'elle, un enfant ailé s'élançant vers le ciel.

5° Dans le tableau au-dessous sont représentés saint Louis, roi de France ; saint Jean-Baptiste et sainte Marguerite, que cette famille honorait d'un culte particulier.

6° Au bas on admire un beau camaïeu qui retrace la naissance de la sainte Vierge.

7° Dans le plafond, huit anges portent les instruments de la passion. Les raccourcis sont admirables et l'expression des figures est fort belle. La clé de voûte, en pierre dorée, offre un caractère original.

Au-dessus de l'autel, deux médaillons représentant saint Vincent de Paul et saint François de Sales.

Fondée par la famille des Roland, bourgeois de Paris, dont il est question dès 1300, cette chapelle en portait encore le nom en 1796, quoiqu'elle fût devenue depuis longtemps, la propriété de la famille des Bourlon.

En effet, les Bourlon de Choisy y avaient fait sculpter leurs armes vers 1622. On les y a retrouvées très reconnaissables dans les travaux de restauration moderne.

Elle fut aussi dotée par le cardinal de Mazarin, car nous lisons dans les archives son nom mêlé à la fondation d'une confrérie qui assurément y tenait ses assemblées, la confrérie de Sainte-Anne. Elle commença par être une société de pieux fidèles et devint avec le temps une communauté de prêtres. Un inventaire de 1449 porte : *Confrérie de Sainte-Anne des prêtres de l'église Saint-Eustache, érigée en chapelle de Mgr le duc de Mazarin.*

Elle porta donc, dès le principe, le vocable de sainte Anne, comme ses peintures le justifient assez, puis elle fut dédiée à saint Mathieu, et encore, vers 1650, à sainte Anne; enfin, en 1803, à saint Vincent de Paul. Elle est restée consacrée à ce saint prêtre dans la nouvelle organisation.

8e *travée.* **Chapelle de Sainte-Geneviève.** — On y expose ses reliques et celles de saint Alphonse de Liguori. Les premières sont certifiées authentiques par l'attestation du cardinal Caprara, en date du 1er février 1806; les secondes par une attestation de Mgr Rosati, évêque de Saint-Louis, en date du 24 juillet 1840.

Les peintures sont de M. Pichon.

D'un côté, saint Germain, évêque d'Auxerre, accompagné de saint Loup, évêque de Troyes, prédit aux parents de sainte Geneviève les hautes destinées de leur fille.

Au-dessus, sainte Geneviève obtient la guérison de sa mère, devenue aveugle. Au-dessus de l'autel, la sainte distribue aux pauvres habitants de Paris, que la famine a chassés de la ville, du blé et du pain. Au plafond, les anges annoncent aux bergers la naissance de Jésus-Christ et portent sur un phylactère ces mots : *Gloria in excelsis Deo.* Au-dessus de l'autel, une ancienne peinture sur panneau : Tobie et l'ange. C'est un original attribué au Titien. Il faisait partie de la collection du roi Louis XV, car son catalogue en fait foi.

Cette chapelle eut, en 1542, pour fondateur Jehan Brice, marchand en gros et bourgeois de Paris, dont la veuve, Guillemette de l'Arche, en 1546, accomplit

les dernières volontés en la décorant d'une manière
fort remarquable.

Les peintures retrouvées sous le badigeon ont fait
revivre les armes de cette famille si connue dans les
annales de Saint-Eustache, soit par le grand nombre
de ses membres, car Antoine Brice, officier du roi
Louis XI, demeurant à Tours en 1517, eut seize enfants dont la plupart vinrent s'établir à Paris, soit
par la générosité de Jehan leur aîné, soit par leurs
alliances, au nombre desquelles il convient de distin-
guer celle qui exista entre les Brice et M. Le Tonnellier, l'un des curés de Saint-Eustache.

Il était, en effet, frère de Antoine Le Tonnellier,
sire de Voyennes, auditeur de la Chambre des
comptes en 1610, mort en 1655, qui avait épousé
Anne Brice.

La généalogie de la famille Brice, conservée à la
Bibliothèque nationale, donne ces détails, ainsi que
les armes de cette famille qu'elle indique avoir été
peintes en tête de leur chapelle de Saint-Eustache.
On les a retrouvées aux pieds d'un Saint-François
d'Assise sur le mur qui fait face à l'autel, et on les a
reproduites au fronton.

La même généalogie dit que l'on y joignait, au-
dessus de la porte de la chapelle, le blason des
Neufville de Villeroy, qu'on n'y a pas retrouvé.

Toutefois, dans la suite, la chapelle avait été
acquise par la famille de Palluau ; elle y avait ses
armes vers la fin du siècle dernier, et ses tombeaux
étaient presque en face.

A cette chapelle se relie le souvenir d'un fait historique fort intéressant.

M. Boblet possède un manuscrit très ancien donnant la liste des messes de fondation de la paroisse Saint-Eustache; là se trouve mentionnée la fondation d'une messe, dite *de la pie voleuse*, qui devait être célébrée, à 4 heures du matin, chaque jour, pour la pauvre servante injustement condamnée, parce qu'on l'avait crue coupable d'avoir volé un couvert d'argent, porté et retrouvé plus tard dans la toiture d'une église.

La servante s'appelait *Guillemette de l'Arche*, et nous voyons dans la généalogie des Brice une dame de ce même nom. Cette servante était-elle proche parente des Brice? Serait-ce pour cette raison que la chapelle était ornée d'une foule de symboles de tristesse et de mort? Je laisse cette conjecture à la sagacité du lecteur.

Dédiée dans l'origine à saint Jean, saint Brice et saint Guillaume, cette chapelle, en 1780, était connue sous le vocable de saint Jean l'Évangéliste; en 1793, on y établit provisoirement l'autel de la Sainte-Vierge.

On la mit, en 1803, sous l'invocation de sainte Geneviève.

Le bas-relief qui ornait l'autel représentait cette sainte distribuant des vivres aux pauvres parisiens. Il était du sculpteur Francin, ainsi que deux médaillons de Jésus et de Marie, enchâssés dans la boiserie. M. Bossu l'avait fait construire; et il paya 700 livres le superbe marbre de l'autel. Aujourd'hui elle conserve ce vocable.

C'est une tradition que les curés de Saint-Eustache se réservent la chapelle de la patronne de Paris pour y entendre les confessions.

De pieuses mains se plaisent à l'embellir avec un art aussi riche que délicat.

En outre, on y rencontre à toutes les heures du jour des dames de la Halle qui viennent confier à leur sainte favorite leurs intérêts spirituels et temporels.

Là se trouvaient les sépultures des familles Brice et Palluau.

7e travée. **Chapelle de Saint-Louis, roi de France,** troisième patron de la paroisse. — On y vénère ses reliques certifiées véritables par un authentique de Msr Affre, archevêque de Paris, en date du 25 août 1847.

Les meneaux sont d'une merveilleuse finesse.

Les peintures de Félix Barrias représentent trois épisodes de la vie de saint Louis, se rapportant aux trois vertus théologales :

1er tableau à gauche. La Foi : saint Louis fait consacrer la Sainte-Chapelle. La reine douairière Blanche de Castille et la reine Marguerite de Provence, épouse de saint Louis, entourée de ses enfants, assistent à la cérémonie ;

2e tableau à gauche, dans l'ogive. La Charité : saint Louis soigne les pestiférés après la bataille de Damiette.

1er tableau à droite. L'Espérance : saint Louis meurt à Tunis, entouré de ses deux fils, Philippe et

4

« Mons d'Alençon », et de son confesseur Geoffroy de Beaulieu, de l'ordre des Frères Prêcheurs ;

2ᵉ tableau à droite, dans l'ogive : saint Louis monte au ciel sous le regard des vertus théologales. La charité montre aux chrétiens le saint roi comme un modèle.

M. le curé Quignard a fait disparaître les ruines d'un ajustement d'architecture, qui enlaidissait la chapelle, en les couvrant d'une riche boiserie, au milieu de laquelle s'ouvre une niche où l'on honore la Sainte-Face.

En même temps, il a supprimé deux lourdes colonnes grecques qui masquaient le beau tableau de saint Louis en prière.

L'ancien autel, fort disgracieux, a été remplacé par un autre plus élégant, dans le style de l'église.

Le tapis qu'on y voit aux jours de fête est l'œuvre collective de 50 dames pieuses qui l'ont confectionné sous la direction de l'auteur.

La superbe verrière, produit futur du présent Guide, complétera ces embellissements.

Explication de la verrière de la Chapelle de Saint-Louis.

Elle représente l'éducation du saint roi qui fut faite, sous l'œil maternel de la reine Blanche de Castille, par des religieux de l'ordre des Frères Prêcheurs et des Frères Mineurs.

Les grands seigneurs du royaume assistent à ces leçons.

Des écuyers attendent au dehors pour enseigner au jeune prince le maniement des armes.

Les anges du ciel lui apportent : l'un le sceptre, emblème de la justice; l'autre l'épée, emblème de la force; le troisième la couronne, emblème de la puissance et de la majesté.

Dans le tympan du vitrail sont des figures décoratives d'anges, portant, l'un la couronne d'épines que saint Louis a particulièrement honorée ; l'autre les palmes du martyre, bien conquises par le saint roi sur la terre étrangère, où il a souffert et où il mourut pour le triomphe de la Foi.

L'inscription latine qu'on lit au bas du vitrail se développe ainsi : *Inde virorum fortium regalis illa progenie castarumque mulierum.*

On la traduit en français : De là sortit cette lignée royale d'hommes courageux et de femmes chastes.

Cette verrière sortira des ateliers de MM. Champigneulles fils, de Paris ; figurera à l'Exposition universelle de 1889, et sera érigée dans la chapelle de Saint-Louis, en l'église Saint-Eustache, au mois de novembre 1889.

Créée primitivement par Gauthier de Bruxelles, dont elle portait le nom en 1309, la chapelle de Saint-Louis était la deuxième fondation faite dans cette église.

Elle fut dédiée à la Sainte Trinité en 1541 et possédée par Guillaume Roillart et sa femme Nicole Gomont. Ils l'avaient réédifiée, décorée, et faisaient célébrer à son autel, chaque jour, à cinq heures du matin, une messe basse.

Sans perdre le blason de cette famille, elle fut, plus tard, souvent désignée sous le titre de chapelle de Soissons et, vers 1750, vouée à saint Jean-Baptiste.

Restaurée le 28 novembre 1805 et mise sous le vocable de saint Louis, roi de France, aux frais de MM. Francin et Barré, elle conserve aujourd'hui le même titre.

Elle servit de sépulture à la famille Roillart.

6e *travée.* **Chapelle de Mesnardeau, aujourd'hui consacrée à la sacristie.** — Elle porte le blason de Mesnardeau.

Vers 1778, une tribune, où l'on entre par le presbytère, fut établie sous la voûte de cette chapelle par Mme la duchesse d'Orléans, qui désirait jouir de la solitude lorsqu'elle assistait aux offices. Elle y fit sculpter ses armes ; on en voit la trace au milieu des boiseries qui couronnent la porte de la sacristie.

Elle servait autrefois d'entrée aux charniers. On y faisait des catéchismes, et il y avait un autel dédié à la Sainte-Communion en 1710. Cet autel intérieur et la chapelle elle-même étaient ornés par les soins de plusieurs familles, spécialement par celle des Mesnardeau, qui y avait sa sépulture.

La fondatrice de cette tribune était Louise-Marie-Adélaïde de Bourbon-Penthièvre, qui avait épousé, le 5 avril 1769, Louis-Philippe-Joseph, duc d'Orléans, de Valois, de Chartres, d'Aumale et de Montpensier ;

par conséquent, la mère du roi des Français·Louis-Philippe, décédée duchesse douairière d'Orléans, en 1821.

Les sculptures de cette tribune et les boiseries de la porte sont appréciées par tous les connaisseurs. Elles sont du Louis XVI le plus pur et le plus achevé.

L'architecture de la sacristie n'offre rien de monumental. On y conserve comme *mobilier précieux :*

1° Deux reliques de la vraie croix ;

2° Un superbe tapis de Sallandrouze ; il a coûté 3,200 francs en 1825.

3° Un livre de chant manuscrit sur très grand papier vélin.

4° Deux beaux canons d'autel manuscrits ; l'un est de 1609, l'autre est moderne.

5° Un admirable évangiliaire manuscrit et un épistolaire, tous deux ornés de peintures antiques et magnifiquement reliés.

6° Un crucifix en ivoire brun d'une très grande valeur.

7° Une bibliothèque de musique estimée 15,000 fr.

5° *travée.* **Chapelle de Saint-Eustache.** — On y expose ses reliques dans une châsse formant une croix grecque ; elles sont certifiées authentiques par Monseigneur Sibour, archevêque de Paris, en date du 25 novembre 1851.

Ces reliques sont :

1° Un os de saint Eustache provenant du cimetière de Sainte-Priscille, donné en 1660 par le pape

Alexandre VII au sieur *Chauvin*, membre de l'assemblée de Bon-Secours à Saint-Eustache.

2° Une dent, seul reste de la mâchoire inférieure conservée dans le trésor de l'église de Saint-Jacques-l'Hôpital, laquelle avait été transportée dans l'église de Saint-Eustache, mais qui, au moment de l'incendie des orgues de cette église, a été écrasée sans qu'on ait pu en retrouver les traces.

3° Deux fragments d'os, deux phalanges, diverses particules des os de sa femme et de ses enfants : enfin des linges avec des segments de bois, de pierres, de plomb, extraits du tombeau de ces saints, dont les dépouilles étaient conservées à l'abbaye de Saint-Denis en 1573, et qui ont été transportées de cette abbaye à Saint-Eustache en 1791 et en 1796.

L'acte qui constate la dernière remise de ces précieuses reliques est signé par les notables de la paroisse, administrateurs de l'église, au nombre desquels figure M. *Lecourtier*, père de Monseigneur *Lecourtier*, ancien évêque de Montpellier, qui contribua, par sa piété, son zèle et son courage, plus que tout autre, à la réouverture de l'église Saint-Eustache.

Au-dessus de la grande croisée on lit le millésime de 1622.

Les peintures sont de M. Hénaff ; elles représentent les quatre faits principaux de la légende de Saint-Eustache.

Du côté gauche :

1° En bas, Placide à genoux devant l'apparition du cerf merveilleux.

2° En haut, le baptême de Placide, alors surnommé Eustache, de sa femme Théophyta et de leurs deux enfants.

A droite :

En bas, les infortunes d'Eustache et de sa famille.

En haut, le rappel d'Eustache, ses triomphes et son martyre.

Cette chapelle porte le blason de la famille Le Prêtre. Elle fut fondée, vers 1586, par Jacques Lasnier, devint la propriété et le lieu de sépulture de la famille Le Prêtre.

Dédiée d'abord à saint Jacques et à saint Philippe, dont elle porta le vocable jusqu'à la Révolution ; en 1803, elle fut consacrée à saint Eustache. L'autel fut alors décoré d'un bas-relief représentant le martyre du saint plongé dans un taureau d'airain, environné de flammes; composition de M. Francin. Elle a conservé ce vocable.

4ᵉ *travée.* **Chapelle de Saint-Joseph.** — Elle était consacrée à sainte Monique et fréquentée naguère par les pieuses mères de famille.

Au-dessus de la grande croisée on lit le millésime de 1622, et dans un vitrail celui de 1816.

M. Basset a restauré les peintures qui datent de 1600.

Au-dessus de l'autel, la Résurection.

En face, trois apparitions de Jésus-Christ après sa résurection ; la première à Marie-Madeleine, la seconde aux saintes femmes, la troisième aux disciples d'Emmaüs.

Dans le cintre, on voit une grande et belle composition représentant l'assomption de la sainte Vierge.

Cette chapelle fut acquise en 1586, au prix de 300 écus, par la famille de Fiesque, dont on voit le blason au fronton et dans les décors.

La dame de Strozzi, étant dame d'honneur de la reine de Médicis, l'avait fait décorer en marbre de toutes couleurs et fort richement.

Alors elle était dédiée à saint François, et vers 1700 on l'appelait la chapelle d'Emmaüs, à cause de l'une de ses peintures qui représente les disciples d'Emmaüs s'entretenant avec Jésus ressuscité et attribuée à Simon Vouët.

En 1780, elle porta le vocable de saint Barthélemy ; en 1800, on la consacra à sainte Monique. L'autel a été consacré par son Éminence le cardinal Guibert, archevêque de Paris, le 18 mars 1878.

3e *travée*. **Chapelle de Notre-Dame-des-Sept-Douleurs,** entretenue par la confrérie de ce nom.

Les décors ont été retrouvés en bon état sous le badigeon; ce sont des feuillages, des arabesques, des motifs délicats que M. Séchant a relevés avec beaucoup de soin.

M. Ch. Hugot a fait revivre aussi les anges placés dans les demi-tympans des archivoltes.

Au-dessus de la grande croisée, on lit le millésime de 1622.

Les peintures sont de M. Riesener.

1° **A gauche de l'autel,** le saint vieillard Siméon annonce à Marie qu'un glaive de douleur transpercera son cœur.

2° La sainte famille s'enfuit en Égypte; Marie est arrêtée sous un arbre qui la protège de son ombre ; au loin un temple païen s'écroule.

3° Marie rencontre son fils sur le chemin du Calvaire.

4° Du haut de la croix, Jésus adresse à sa mère ses dernières paroles : *Femme ! voilà votre fils.*

Dans chacune de ces compositions, des anges portent les attributs du martyre de la sainte Vierge, l'épée, la coupe, la palme, etc.

Cette chapelle porte le blason de Bullion. Elle était possédée autrefois par Claude de Bullion, garde des sceaux, dont l'hôtel se retrouve rue Jean-Jacques-Rousseau.

Elle fut désignée sous le titre de la sainte Vierge de l'Assomption, en 1780, à cause du tableau de Marie montant au ciel, peint sur le mur à gauche. Cette peinture, retrouvée sous le badigeon en 1834, était d'une si faible exécution que l'on n'a pas cru devoir la restaurer.

Elle fut aussi appelée, en 1795, la chapelle de l'Épineau, soit du nom d'une personne qui y avait sa sépulture, soit à cause d'un tableau de Jésus couronné d'épines qui y avait été peint.

Peu de temps avant la Révolution, elle était destinée aux baptêmes, et les registres de fabrique disent que seule elle fut préservée de la dégradation pendant la terreur.

Le baptistère ayant été établi définitivement en 1855 dans la chapelle suivante, on a ramené dans celle-ci le culte de Notre-Dame des Sept-Douleurs.

Les vitraux ont été installés il y a trois ans. Le défaut de lumière empêche de les apprécier à leur juste valeur. Ils ont pour sujet les scènes de la Passion.

Le groupe qui surmonte l'autel, inspiré de la *Pietà* de Michel-Ange, a été posé en 1868, lorsque Mgr Coullié évêque d'Orléans, était vicaire de Sainte Eustache et directeur de la confrérie de la bonne mort.

2e *travée*. **Chapelle de Saint-Jean-Baptiste**, consacrée aux baptêmes.

Au-dessus de la grande croisée, on lit le millésime de 1622.

Les peintures sont de M. Marquis.

A droite, le baptème de Notre Seigneur Jésus-Christ par saint Jean-Baptiste ; au bas, le miracle de la guérison du paralytique à la piscine de Bethsaïda.

De l'autre côté, Jésus-Christ donne aux apôtres la mission de baptiser toutes les nations. Au bas, Moïse reçoit de Dieu les Tables de la loi sur le sommet du Sinaï ; auprès de Jéhovah, les anges sonnent de la trompette, et toute la montagne est enveloppée d'éclairs.

Fondée, vers 1515, par Nicolay, seigneur de Goussainville, premier conseiller à la Cour des comptes, cette chapelle fut dédiée à saint Nicolas et bénie sous ce vocable, en 1516, par l'évêque de Mégare.

Vers 1619, la fabrique y déposa les reliques de saint Denis et de ses compagnons qui lui avaient été données par Mlle Marie de Beauvilliers, abbesse de Montmartre, et la chapelle fut alors dédiée à saint Denis.

Après la révolution, elle devint la chapelle du Saint-

Sacrement et, en 1832, la chapelle des Sept-Douleurs.

Ce n'est que récemment qu'elle a été consacrée aux baptêmes. Le grand tableau de l'adoration des Mages est attribué à Vanloo. On y voyait les sépultures de la famille de Nicolay.

1re *travée*. **Chapelle de la Rédemption**. Au-dessus de la grande croisée, on lit le millésime de 1622.

Les peintures sont de M. Glaize. En bas, Adam et Ève sont chassés du paradis; en face, les Juifs captifs à Babylone, figure de la servitude du péché. En haut, Marie, entourée d'anges, présente Jésus qui vient de naître aux nations qui sont dans la joie. En face, Jésus-Christ meurt sur la croix pour racheter les âmes qui sortent des abîmes et montent au ciel.

Cette chapelle est fermée par une grille de bois sculpté qui date d'avant la Révolution. C'est la seule de cette époque que l'on ait pu conserver. Par une bizarrerie étrange, tout le côté gauche avait ses chapelles ainsi closes, tandis que le côté droit les avait fermées par des grilles de fer. Aujourd'hui toutes les chapelles sont fermées par de belles grilles en fer ornées de dorures.

On l'appelle chapelle de Penthièvre, du nom de son fondateur; elle n'a jamais cessé d'être connue sous ce titre. Au commencement de ce siècle, des vieillards se souvenaient encore y avoir vu le noble prince accompagné de Mlle de Lamballe, sa fille, entendant l'office à certaines fêtes, ou y faisant célébrer le saint Sacrifice par son chapelain.

Après la Révolution, on en fit un vestiaire; **depuis**

1830, on y établit une bibliothèque paroissiale, dont la garde est aujourd'hui confiée à la confrérie de la Sainte-Vierge, qui prête de bons livres à lire à des paroissiens connus. Mais cette bibliothèque est transférée ailleurs.

CHAPITRE VI

EXTÉRIEUR

Grand portail. — Il est l'œuvre de Mansard de Jouy. Imbu des préjugés de son temps qui ne voulait admirer que l'architecture grecque, il a méconnu le caractère particulier de Saint-Eustache, qu'il était sans doute incapable de comprendre. Pouvons-nous dire moins en voyant ce portail banal et lourd?

L'ancien portail, quoique inachevé, était beau et plein d'harmonie avec le style de l'église. Le dessin en a été conservé pour l'honneur des architectes qui l'avaient édifié, mais, sa construction étant défectueuse, on dut le démolir. En 1754, le 22 mai, la première pierre du nouveau portail fut posée par le duc de Chartres, depuis connu sous le nom de *Philippe-Egalité*. On avait détruit, avec l'ancien portail, une travée de l'église, vandalisme déplorable qui a condamné ce chef-d'œuvre sans rival, à demeurer tronqué dans ses dimensions.

A droite, était la chapelle des fonts baptismaux et, à gauche, celle des mariages. Ces deux chapelles

5

étaient les plus remarquables : la première était peinte à fresque par Mignard et représentait, à la voûte, le ciel entr'ouvert et Dieu au milieu de ses anges ; à droite, la circoncision, à gauche le baptême de Jésus-Christ.

La seconde, aussi peinte à fresque, était l'œuvre de Delafosse, élève de Lebrun, et représentait, à la voûte, Dieu au milieu des quatre évangélistes, bénissant, d'un côté, le mariage d'Adam et d'Ève et de l'autre, celui de Marie et de Joseph. Cette perte ne pouvait assurément être compensée par l'indigne structure grecque que l'on n'a jamais osé terminer.

La disparition des peintures de la première chapelle est d'autant plus regrettable qu'elles avaient inspiré, par leur beauté, la poésie de Molière dans sa pièce de vers intitulée : *La Gloire du Val-de-Grâce*, où il immortalise les travaux du grand peintre en leur donnant pour principe le génie de Colbert.

Portail du Midi. — Pour le bien voir, placez-vous en face, sur le trottoir du pavillon de la boucherie. Le spectacle en est merveilleux. Au milieu de la porte, sur un pilier composé de trois plus petits en marbre rose et soutenant, dans de petites niches, les trois statuettes de la Foi, de l'Espérance et de la Charité, repose une grande statue de la Vierge Mère. Au-dessus, s'ouvre une large fenêtre.

La voussure de la porte, divisée en quatre cordons, nous montre cinquante dais qui attendent des statuettes. De chaque côté, se dressent quatre grandes statues ; celles de saint Joachim et de sainte Anne sont vis-à-vis l'une de l'autre ; au-dessus, deux anges de six pieds tiennent l'encensoir. Leur beauté est bien encadrée par les pilastres qui sont couverts d'ornements riches, variés et gracieux.

Au-dessus du fronton, très simple, s'élèvent deux étages de galeries ; plus haut, la grande rosace flanquée de deux belles tourelles. Enfin, le pignon est couronné par la tête de cerf portant la croix.

Tout ce portail fut criblé de balles et d'obus pendant la Commune ; du sol au pignon, les galeries, les meneaux, les vitraux, étaient brisés.

La restauration en fut faite avec un art et un soin extrêmes par Radigon, architecte des Halles centrales. Cet homme distingué, épris d'une grande prédilection pour Saint-Eustache, dirigea lui-même les travaux et périt victime de son zèle, frappé d'insolation devant ce portail.

Tout le flanc méridional de l'église nous présente ses vastes fenêtres divisées par des meneaux légers, protégées par des balustrades, des colonnes et des contreforts couverts d'ornements et formant un vaste ensemble, derrière lequel on devine l'architecture du dedans que nous avons visité. Au-dessus du transsept, surgit une flèche hardie qu'on a malheureusement tronquée pour en faire, jadis, un poste télégraphique.

Chevet de l'église. — Un bâtiment vulgaire fut érigé sous Louis XVI contre le côté méridional de l'abside ; il sert de corps de garde au rez-de-chaussée, et de chapelle des catéchismes pour les demoi-

selles au premier étage. Il cache l'architecture
extérieure de la chapelle de la Sainte-Vierge.

Au-dessus de cette chapelle s'élève un élégant
campanile abritant une cloche portant la date de 1873.

Prenons le trottoir de la rue Montmartre et arri-
vons par l'impasse Saint-Eustache vers le :

Portail Nord. — Il est mal encadré dans les
vieilles maisons qui masquent ses deux belles tourelles latérales. On l'a orné récemment de trois
grandes statues : saint Eustache, en guerrier romain,
est sur un pilier au milieu de la porte ; à droite,
saint Denis, le bâton à la main ; à gauche, sainte
Geneviève ayant un agneau à ses pieds. Les statuettes
des quatre vertus cardinales, occupent la niche des
deux édicules. La voussure n'offre que trois cordons
de dais destinés à abriter trente statues.

Au-dessus du portail, deux rangs de pilastres
encadrent les fenêtres ; la grande rose orne le troisième
étage, et, comme dans le portail sud, la tête du cerf
miraculeux de saint Eustache, est au haut du pignon.
Les monogrammes de saint Eustache et de sainte
Agnès servent souvent de motif aux sculptures de
l'ornementation.

Les maisons de la rue du Jour empêchent de voir
le flanc nord de l'église qui a, d'ailleurs, le même
caractère que le flanc opposé.

Enfin, pénétrons dans la cour de la sacristie pour
admirer trois petits chefs-d'œuvre dans la décoration
extérieure de la chapelle de Sainte-Geneviève. Ce
sont les trois chapiteaux portant le millésime de

1534 ; deux présentent les emblèmes de la mort, des fruits desséchés, des têtes d'anges pleureurs.

Le chapiteau le plus voisin de la rue Montmartre est encore plus remarquable. Un enfant, entouré de feuillage, les bras en l'air, porte une corbeille de fruits ; deux beaux génies lui servent de cortège ; une admirable console forme le couronnement.

Cloches. — En 1834, il y avait sous le télégraphe quatre cloches qui provenaient de la Samaritaine du Pont-Neuf. Elles portaient le millésime de 1685. La fabrique les a fait entrer dans la fonte d'une cloche nouvelle, pesant 1,200 kilos, qu'elle a placée dans le beffroy. Une autre cloche, d'un ton plus grave, pesant 1,300 kilos, fut baptisée par le cardinal Donnet, le 28 janvier 1855. On l'a appelée Agnès-Rose, elle porte cet exergue :

Laudo Deum, cœtus voco, luctus, gaudia pulso.

DEUXIÈME PARTIE

HISTOIRE DE L'ÉGLISE

SAINT-EUSTACHE

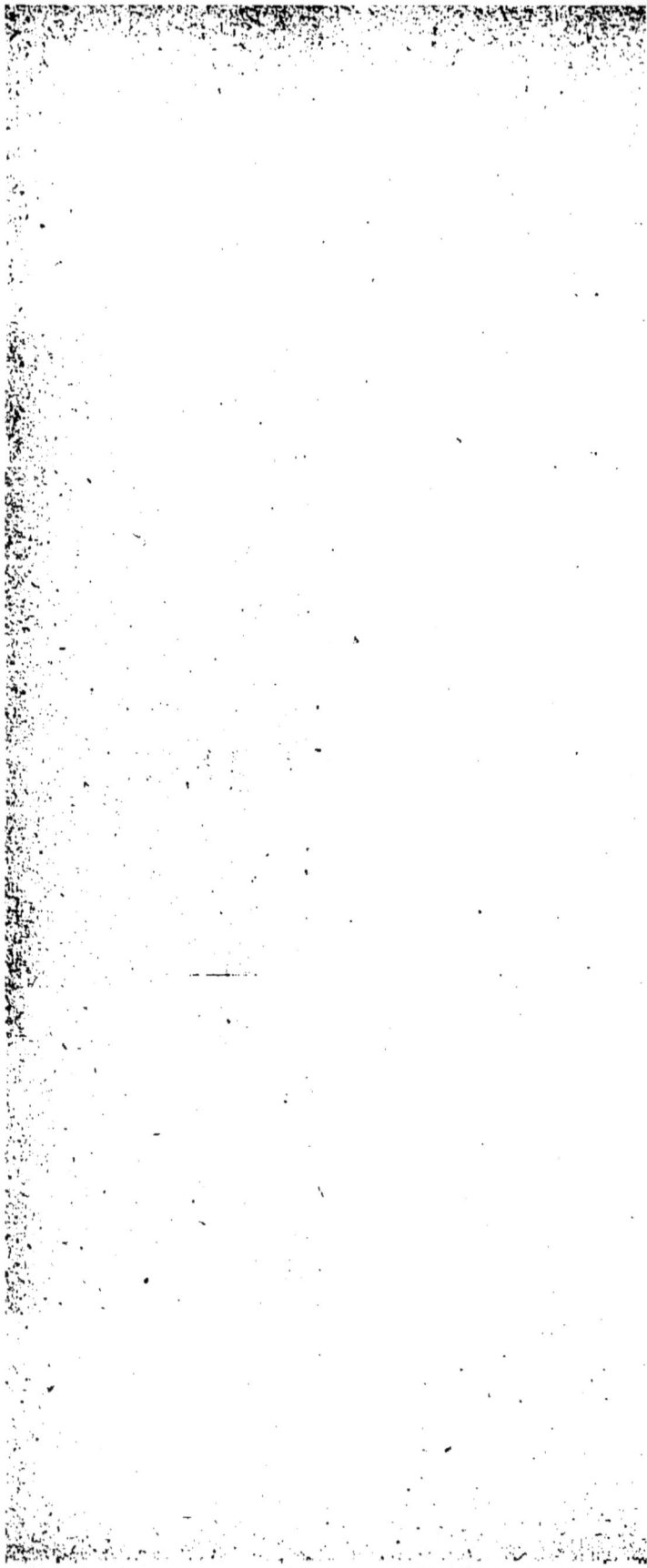

CHAPITRE I

HISTOIRE DE L'ÉDIFICE

Chapelle Sainte-Agnès. — Dans les premières années de XIIIe siècle, on construisit sur la rue Montmartre, à l'endroit où s'élève aujourd'hui le chevet de l'église Saint-Eustache, une chapelle dédiée à sainte Agnès, vierge et martyre.

Au-dessous régnait une crypte, seul vestige de ce passé lointain qui ait résisté aux destructions des siècles; elle sert d'entrepôt pour des fruits; on y descend par un escalier ouvert sur la rue.

Cette chapelle de Sainte-Agnès était fort petite, bâtie, dit-on, sur l'emplacement d'un temple de Cybèle; elle relevait du chapitre de Saint-Germain-l'Auxerrois. L'histoire de sa construction est assez curieuse pour être racontée.

Jean Alais, de Paris, chef des joueurs de mystères, prêta, dit-on, au roi, une somme d'argent assez considérable. Le trésor royal ne s'ouvrant point pour le rembourser, on lui permit de lever *un denier sur chaque panier de poisson* qu'on vendait aux Halles,

5.

car ce quartier a toujours été le siège des grands marchés. Selon d'autres, cet impôt consistait en une *maille d'or*, ce qui est moins probable, parce que ces mailles auraient représenté une valeur trop élevée, environ 10 francs de notre monnaie.

Jean Alais n'ayant pas qualité pour exiger cet impôt des marchands, il fut perçu par les gens du roi, mais bien au delà de la somme qui était due. Il se consolida même et devint une sorte de redevance extra-légale, au profit des officiers de la couronne.

Alais ne put se consoler de l'abus que l'on faisait de ses modestes droits; il fit d'inutiles efforts pour le faire cesser, mais sans y réussir. Pour expier le mal qui se commettait à cause de lui, il fit bâtir ladite chapelle. Bientôt il mourut de chagrin et fut enterré, selon son désir, sous l'égout des Halles, non loin de la crypte de Sainte-Agnès.

Quoi qu'il en soit de cette histoire, admise par plusieurs auteurs, cette chapelle répondait à un besoin réel des populations qui se portaient en foule vers Montmartre où un bourg considérable s'établit en peu d'années.

L'église Saint-Germain-l'Auxerrois, ne pouvant suffire à ce nouveau ministère, employa la chapelle Sainte-Agnès à un service de secours.

Ancienne église Saint-Eustache. — Mais celle-ci se trouva bientôt trop étroite; en 1620 on l'agrandit considérablement; puis on obtint de l'abbaye de Saint-Denis le précieux don des reliques insignes de saint Eustache, qui furent placées dans la partie nouvelle de l'édifice. C'est ce qui fit donner à toute l'église le nom de Saint-Eustache, quoiqu'elle ait toujours conservé sainte Agnès pour patronne. Ce nom devint aussitôt populaire; on ne peut en douter, puisque dans l'enceinte de Philippe-Auguste, qui date de 1211, la porte de Paris la plus voisine portait le nom de porte Saint-Eustache.

Ainsi agrandie, l'église dura jusqu'au xv⁰ siècle, mais alors il fallut de nouveau en augmenter les dimensions; on y fit entrer successivement le terrain d'une maison située rue du Jour, dite alors rue du Séjour, contiguë à l'hôtel Royaumont et appartenant à la fabrique (1466); un peu plus tard, on y joignit une petite place, située rue Montmartre, à l'encoignure du pont Allais, et donnée par l'archevêque de Paris (1495).

De toutes ces constructions, sans doute irrégulières et sans beauté, il ne reste aujourd'hui que la crypte de sainte Agnès et un pilastre de la tour qu'on voit sur le côté du portail méridional, mais qui n'est qu'un débris informe.

Nouvelle église Saint-Eustache. — Cet admirable monument est dû tout entier à la générosité des paroissiens de Saint-Eustache, au xvi⁰ siècle; nous ne voyons figurer dans sa construction ni les donations des rois de France, ni les subsides de la ville de Paris, ni les contingents du diocèse; quelques libéralités privées vinrent seules seconder le zèle des curés et des marguilliers.

Ils conçurent le projet d'élever dans leur quartier, à la gloire de Dieu, une des plus grandes églises de

Paris et peut-être la plus intéressante à visiter ; iis en
confièrent l'exécution au célèbre architecte Dominique
de Cortone, autrement appelé Boccador, qui venait
de donner les plans de l'Hôtel de Ville. Cet homme
de génie affronta et résolut la difficulté d'unir la
grâce et la richesse de l'art grec avec la sévère
majesté du style gothique.

Tous ceux qui voient son œuvre, quoiqu'incom-
plète, qui la jugent en dehors de l'esprit d'école et
se laissent aller à l'impression qu'elle leur cause,
disent qu'il a pleinement réussi.

Les travaux furent rapides : ils ne durèrent que
cent douze ans, de 1530 à 1642. Après la mort de
Dominique de Cortone ou de celui de ses élèves
qui le remplaçait, l'œuvre fut continuée par l'architecte Charles David, auquel la nouvelle église
accorda un tombeau en 1650. Les commencements
furent laborieux ; les substructions épuisèrent presque
tous les fonds qu'on avait amassés ; les libéralités des
paroissiens les plus riches ne parvenaient pas à com-
bler le déficit ; faute d'argent, on interrompit souvent
les travaux, et ces intervalles étaient longs, mais jamais
la paroisse ne voulut renoncer à suivre le plan gran-
diose qu'elle avait adopté.

Détail curieux : les marguilliers obtinrent de
consacrer aux frais des constructions, les aumônes du
Carême faites alors par ceux qui, profitant de la dis-
pense, usaient du *beurre et du lait*, la permission
de manger de la viande n'étant pas admise dans ce
temps-là.

La première pierre fut posée le 19 août 1530 par

le prévôt de Paris, Jean de la Barre, comte d'Étampes et lieutenant général au gouvernement de Paris. Nous pouvons ensuite suivre la suite des constructions en interrogeant les dates gravées sur les parties principales.

Les quatre grandes colonnes centrales de la nef furent élevées en 1537.

Le côté droit de l'église et le côté sud, qui faisait face à l'ancienne rue des Prouvaires, fut construit en 1539 et 1540. La courte impasse Saint-Eustache qui s'ouvre sur la rue Montmartre et se termine au portail nord, est un tronçon de la rue des Prouvaires.

Ce portail nord, un des morceaux les plus achevés de l'église, est construit en 1545.

Avant la mort de François Ier, 1558, la grande nef est terminée dans sa partie basse.

En 1578, construction des trois premiers piliers de la nef en entrant.

En 1580, on achève les autres fenêtres.

Les travaux continuèrent avec une grande activité jusque vers 1612, où l'on fut obligé de les suspendre faute d'argent. On les reprit après un intervalle qui ne fut pas de longue durée, puisque nous voyons en 1621 les grandes croisées des quatre chapelles de droite qui portent cette date.

L'année suivante, terminaison des grandes croisées au-dessus de la cinquième chapelle de droite et des cinq premières de gauche qui portent cette date.

En 1624, on élève le chœur qui relie l'antique chapelle de Sainte-Agnès à la vaste nef; on abat le clocher, sauf l'escalier qui conduit à l'horloge.

En 1626, terminaison des chapelles de Sainte-Marie-Madeleine et de Saint-Pierre l'Exorciste, dixième et onzième à gauche.

En 1627, terminaison de la chapelle des catéchismes, douzième à droite.

En 1629, terminaison de la chapelle de Saint-André, dixième à droite.

Toutes ces chapelles portent la date de l'année où elles ont été achevées. En 1632, on termina la nef; l'année suivante, le chœur était aussi terminé; on posait les vitraux, on achevait le portail primitif qui fut orné de deux statues de pierre, saint Eustache et sainte Agnès, et surmonté de deux tours, celle de droite renfermant six cloches, celle de gauche n'ayant jamais été finie.

Cependant, après le gros œuvre, bien des travaux de détail étaient encore à faire; faute d'argent on dut les suspendre; mais, en 1642, les largesses du chancelier Séguier et de Claude de Bullion, surintendant des finances, permirent de les continuer et de les achever.

Enfin, le 26 avril 1637, Paul de Gondy, archevêque de Paris, consacra l'église entière et la mit sous les patronages de sainte Agnès, saint Eustache et saint Louis, roi de France.

Depuis la Révolution, l'église de Saint-Eustache, dévastée pendant la Terreur, fut rendue au culte le 22 juin 1795, à la demande des prêtres qui avaient vécu cachés dans la paroisse, et des chrétiens courageux, qui avaient conservé leur foi pendant les mauvais jours.

Les noms des principaux d'entre eux méritent

d'être cités. Ce furent : MM. Le Courtier, architecte, Chevalier, Pitoin, Garnot, Loth, Russelet, Blin, Bellet, Sibille, Valentin et Lyon. Les tombes avaient été spoliées, les ornements mutilés, les œuvres d'art enlevées ou dégradées ; seule, la chapelle des fonts baptismaux était restée intacte.

Pour rétablir l'exercice du culte sans retard, on badigeonna une partie de l'église, on la pourvut d'un mobilier n'ayant aucun style ; mais on obtint l'ancien orgue de Saint-Germain-des-Prés, réputé le meilleur de Paris ; on acheta une chaire enrichie de belles sculptures et un magnifique autel de marbre.

Cependant, en 1797, la société théophilanthropique, de ridicule mémoire, s'installa à Saint-Eustache ; on sépara, par une cloison, la chapelle de la Sainte-Vierge de la nef, où elle tenait ses réunions tumultueuses.

Le clergé et les paroissiens rivalisèrent de zèle pour rendre à l'église son ancienne splendeur, lorsque, le 16 décembre 1844, elle fut la proie d'un vaste incendie qui dévora les orgues, ravagea les voûtes jusqu'à la moitié de la nef et une grande partie du mobilier des chapelles.

Les flammes poussées par le vent dans toute la longueur des grands combles, jaillissaient du dehors par les trous des lustres dans la nef et dans le chœur. Les cordes étant brûlées, les lustres se brisèrent en tombant, mais la charpente ne fut pas endommagée, l'air faisant darder les flammes horizontalement.

Dès l'année suivante, la ville de Paris entreprit les travaux de réparation ; on refit à neuf les grandes voûtes des trois premières travées; puis on gratta tous les murs sous l'habile direction de l'architecte M. Baltard. On découvrit ainsi les peintures anciennes et les décorations de sept chapelles qui furent restaurées avec un grand soin. Ces premiers travaux furent couronnés le 26 mai 1854, par l'installation des grandes orgues.

L'œuvre de la restauration se continua sous l'administration de M. Goudreau et plus tard de M. Simon. Tout le transsept nord fut remis à neuf par la ville; la fabrique, de son côté, fit établir deux grands calorifères capables de chauffer la vaste enceinte. L'éclairage au gaz fut installé sous l'administration de M. Scheltien qui assista d'ailleurs à la transformation des grandes orgues.

Telle est aujourd'hui l'église Saint-Eustache. Mais, dirons-nous avec M. Goudreau, que serait-ce si nous la voyions dans toute la richesse des ornements dont l'avaient embelli nos pères! Si nous pouvions admirer tous les mausolées qu'elle recélait sous ses voûtes? faire renaître ce maître-autel dont l'architecture était supportée par quatre colonnes de marbre d'ordre corinthien; ce tabernacle en bois ciselé et doré avec sa clôture de marbre et ses piliers de cuivre; cette exposition permanente du saint-sacrement avec ses colonnes de porphyre; autour de l'autel les dix statues sorties du ciseau de Jacques Sarrazin?

Cet artiste avait représenté saint Louis sous les traits de Louis XIII, la Vierge sous la figure d'Anne d'Autriche, et le petit Jésus, qu'elle portait dans ses bras, rappelait Louis XIV dans son enfance.

Plus haut, on apercevait les statues de saint
Eustache et de sainte Agnès; enfin, sur le dernier
plan, étaient placés deux anges en adoration. Des
petits piliers de marbre et de cuivre clôturaient le
chœur. Des tableaux des Lebrun, des Mignard, des
Delafosse ornaient le sanctuaire. Un crucifix colossal,
tout en bronze, était attaché au-dessus de la grille
somptueusement ouvragée qu'avait donnée le grand
Colbert; il séparait le chœur de la nef. Il pesait
1,054 livres.

Enfin que ne nous est-il pas donné de revoir le
grand portail, si loué, tant à cause de l'excellence de
ses sculptures, que pour la perfection de ses statues
et dont l'architecture répondait à tout le reste de
l'édifice ?

CHAPITRE II

ANCIENNE PAROISSE

Elle était le centre le plus brillant et le plus important du vieux Paris, la paroisse de la cour et des plus grands dignitaires de l'État. Mais que ces temps sont loin de nous ! Qu'il nous soit permis du moins d'en faire revivre quelques souvenirs et quelques noms illustres.

CORPORATIONS

1º Société philharmonique de Paris.

2º Société de la morale chrétienne. Ces deux sociétés ont chanté à Saint-Eustache pendant plusieurs années une messe au Saint-Esprit.

3º Société philanthropique des artistes des églises de Paris. Elle avait l'habitude de faire dire, le 3 septembre, une messe en l'honneur de saint Grégoire le Grand, son patron.

4º Société de la boucherie parisienne. Elle a fait célébrer, jusque dans ces derniers temps, le mardi saint, une messe solennelle pour implorer les bénédictions divines.

5° Société des boulangers. Elle chantait encore en 1869 une grand'messe en musique, le 16 mai, en l'honneur de saint Honoré, son patron.

6° Société des coiffeurs. Tous les ans, au 25 août, elle faisait dire une messe en l'honneur de saint Louis, son patron.

7° Société de la caisse des écoles du II° arrondissement. Elle faisait exécuter chaque année une messe à grand orchestre. Cette fête était toujours présidée par un prince de l'Église, au milieu d'un concours immense des autorités administratives, civiles et militaires de l'arrondissement, des fidèles attirés par les chants des premiers artistes de Paris et par le talent éminent du prédicateur. Aussi quelles recettes ! Elles ont atteint souvent le chiffre énorme de 45,000 francs.

ORATOIRES

Église paroissiale des Saints-Innocents	Fondée en 1150.	Pl. des Innocents.
Église paroissiale et collégiale de Saint-Honoré	— 1204.	Rue St-Honoré.
Chapelle de l'hôtel de Soissons	— 1220.	Rue Coquillière.
— de Ste-Marie-Madeleine	— 1319.	Rue Montorgueil.
— de St-Jacques l'Hôpital.	— 1322.	Rue Mauconseil.
— des Gds-Augustins....	— 1418.	
— du col. des B.-Enfants	— 1470.	R. des B.-Enfants.
— de l'oratoire de Grenelle	— 1498.	Rue de Grenelle.
— de Ste-Marie Égyptienne	— 1402.	R. de la Jussienne.
— de St-Sauveur.........	— 1622.	Rue St-Sauveur.
— des Petits-Pères......	— 1423.	
— du chancelier Séguier	— 1633.	Rue de Grenelle.
— de St-Joseph..........	— 1640.	Rue du Bouloi.
— des Carmélites	— 1664.	Rue du Bouloi.
— de St-Jean..........	— 1760.	Rue Montmartre.

CIMETIÈRES

Saint-Eustache eut successivement quatre cime-
tières :

Le premier sur la place du Jour.

Le second rue du Bouloi.

Le troisième au marché actuel de Saint-Joseph.

Le quatrième rue du Faubourg-Montmartre.

PRINCIPAUX PERSONNAGES

inhumés dans l'Eglise Saint-Eustache.

NOBLESSE

Armenonville (duc d'), chancelier de France.	1728
Armenonville (d'), comte de Morville, ministre d'État..........................	1732
Armenonville (d'), garde des sceaux......	1738
Arnault de Cherelles, conseiller du roi....	1632
Aubusson (d'), duc de la Feuillade, pair et maréchal de France..................	1691
Barry (de), conseiller du roi	1678
Bastard (de), conseiller du roi..........	1660
Boves (de)............................	1626
Bigot des Fontaines, conseiller du roi....	1622
Bonne Guy (de), conseiller du roi........	1607
Bonnet Guy, conseiller du roi...........	1607
Bouchet (de) de Bouville, conseiller du roi.	1638
Bourbon (de), conseiller du roi..........	1652
Boyer (de), conseiller du roi.............	1596

Bresson (de), conseiller du roi.............. 1632

Brugière (de), conseiller du roi 1672

Bruslard, marquis de Sillery, vicomte de
Puysieux, conseiller du roi............. 1640

Bullion (de), surintendant des finances,
conseiller du roi 1650

Calmesnil (de), escuyer................. 1638

Castille (de), conseiller du roi........... 1600

Colbert, marquis de Seignelay, ministre... 1683

Combaud (de), baron de Mastives........ 1563

Combaud (de), conseiller du roi......... 1616

Constantin (de), comte de Tourville, vice-
amiral et maréchal 1601

Coquille, conseiller du roi... 1653

Cuvier, conseiller du roi................ 1661

Des Martin, baron de Baux, conseiller du
roi.............................. 1581

Du Four, conseiller du roi.............. 1603

Fiesque (de), comte, chevalier d'honneur de
la reine de Médicis................. 1598

Fontenu, conseiller du roi.............. 1622

Forget de Fresnes, président au Parlement 1610

Fouquet, maître des requêtes, conseiller du
roi. 1600

Frouley (du) de Montelau.............. 1697

Gaigny (de), doyen des échevins, conseiller
du roi........................... 1669

Habert de Montmort, conseiller du roi... 1631

Hac de Romainville, conseiller du roi..... 1624

Houzey de la Boulaye, conseiller du roi... 1639

Lambert de Faverolles................ 1639

94 GUIDE

D O Gabriel, lieutenant général des armées
navales...................................... 1728

Pajot (de) de Bury, conseiller du roi...... 1563

Paluau (de), conseiller du roi.............. 1627

Particelle d'Hemery, conseiller du roi..... 1649

Parroy du Vernay, conseiller du roi...... 1678

Petit Richard, conseiller du roi........... 1616

Phelippeau de la Vrillière............... 1650

Phelippeau de Châteauneuf............ 1650

Phelippeau, duc de la Vrillière, comte de
Saint-Florentin........................ 1777

Poillot, seigneur de Lailly président au
Parlement............................. 1534

Porceilets (des) de Marilane, cons. du roi. 1655

Rebuffée (de) de Beauregard........... 1695

Roillart (de), conseiller du roi........... 1625

Rondelet (de) de Richeville, cons. du roi.. 1677

Rouillé (de), de Merlay conseiller du roi... 1646

Rouillé (de) de Coudray 1540

Rouloirs (de), conseiller du roi.......... 1643

Rucourt (de), conseiller du roi........... 1630

Tronson du Coudray, conseiller du roi 1625

Saint-Symon (de), Gabrielle, duchesse de
Cossé-Brissac 1684

Soufflot, conseiller du roi............... 1670

Vacquieux (de), secrétaire du roi........ 1590

CLERGÉ

Bencivenni, aumônier de la reine de Médicis................................. 1598

SCIENCES ET ARTS

BOURGEOISIE

Chantereau Lestang	1588
Chevert, lieutenant des armées du roi....	1769
Goujon, Antoine....................	1616
De Launay, administrateur de l'église.....	1620
Point-Lasne..................	1292
Révérend Claude, 1er administrateur de Bon-Secours	1647

ANCIENS HOTELS

1º Hôtel d'Albret, bâti en 1353, rue du Jour.

2º — d'Aligre, bâti en 1550, rue Saint-Honoré.

3º — d'Angelles, bâti en 1409, rue Saint-Honoré.

4º — d'Armagnac, bâti en 1413, rue des Bons-Enfants.

5º — d'Artois, bâti en 1350, rue Mauconseil.

6º — de Bouillon, bâti en 1641, rue d'Orléans.

— de Puysieux.

— de Harlay.

— de Verthamont.

7º — de la Trémouille, bâti en 1413, rue Jean-Jacques-Rousseau.

8º — de Condé, bâti en 1573, rue de Grenelle.

— de Bellegarde. Il fut le temple des muses, l'asile des savants, le berceau de l'Académie française.

— de Séguier. Louis XIV l'honora souvent de ses visites.

— des Fermes.

9º — de Colbert, bâti en 1650, rue Vivienne.

10° Hôtel d'Épernon, bâti en 1670, rue Jean-Jacques-
Rousseau.

— d'Armenonville. La Fontaine y mourut
en 1695.

— des Postes.

11° — de Flandre, bâti en 1283, rue Coquillière.

— de Bourgogne.

— d'Artois.

12° — de Gesvres, bâti en 1650, rue Coq-Héron.

— de Pennautier.

— de Chamillart.

— de la Caisse d'Épargne.

13° — de Mazarin, rue Neuve-des-Petits-Champs.

— de Nevers.

— de la Compagnie des Indes.

— de la Loterie royale.

— Bibliothèque nationale.

14° — de Mercœur, bâti en 1636, rue Saint-
Honoré.

— de Richelieu, cédé en 1636 à Louis XIV,
qui l'habita avec la reine Anne d'Autriche.

— du Palais-Cardinal.

— du Palais-Royal.

15° — de Monginot, rue Coq-Héron.

16° — de Nesles, bâti en 1230, rue de Viarmes.

— de Bohème (Halle au blé, aujourd'hui
Bourse du Commerce).

— de la Reine.

— de Soissons.

17° — de Royaumont, bâti en 1613, rue du Jour.

18° — de Senneterre, bâti en 1684, place des Victoires.

19° — de la Vrillière, bâti en 1620, rue Croix-des-Petits-Champs.

— de Rouillé (Mmes de Montespan et Lamballe l'ont habité).

— de la Banque de France.

CURÉS

M. Simon, curé de Saint-Eustache, a eu l'heureuse idée de faire inscrire en lettres d'or, sur des tables en marbre rouge, des deux côtés du banc d'œuvre, la liste des curés de la paroisse depuis l'origine jusqu'à nos jours. La voici :

A LA MÉMOIRE

des curés de saint-Eustache

1227 Simon	1276 Guillaume de Corbeil Curé de la paroisse
1255 Guillaume	
	1305 Jean de Vaux
1268 Guillaume de Corbeil administre la paroisse	1330 Bernard de Pally
1276 Yves-le-Breton	1331 Rigaud

1334	1496
Richard de Besoncelle	Jean Balue
	Administrateur
1351	
Juène de Beauchastel	1496
	Martin Ruzé
1379	
Simon de Buci	1497
	Cosme Guynier
1384	
Jacques Petit	1502
	Antoine de Paris
1414	
Jean-Robert Petit	1510
	Jean Balue
1418	Curé
Jean Loyer	
	1537
1429	Jean Lecoq
Pierre de Mareuil	
	1568
1443	René Benoist
Nicaise Joye	
	1608
1448	Etienne Tonnelier
Jean Chuffart	
	1645
1451	Pierre Marlin
Pierre Richer	
	1677
1462	Léonard de Lamet
Pierre de Brabant	
	1699
1479	F. Robert Secousse
Pierre de Cambray	
	1729
1482	Jean F. Robert Secousse
Jean Loüet	

1771	1844
Jean-Jacques Poupart	Jean G. Deguerry
1802	1849
Pierre-Louis Bossu	Louis Goudreau
1828	1858
Jean-Baptiste Vitalis	L. Fortuné Simon
	C'est le dernier nom ins-
1832	crit sur les tables de
Jean-Baptiste Beuzelin	marbre. Viennent après:
1833	1873
Charles Collin	Louis Scheltien
1836	1884
Daniel V. Manglard	Louis Quignard

Quelques-uns de ces noms méritent de nous y arrêter.

Simon (1223), fut d'abord premier doyen, puis premier curé de Saint-Eustache ; une charte de l'année
1223 le désigne formellement par ces mots : « *Pres-
byter ecclesiæ Sancti-Eustachii Parisiensis.* » Mais
une autre charte de 1213 portant ces mots : « *Nova
capella Sanctæ-Agnetis* » nous montre combien cette
dénomination était récente.

Le deuxième curé, **Guillaume** (1255), assista aux
scènes sanglantes par lesquelles les *Pastoureaux*
profanèrent l'église Saint-Eustache.

Leur chef, le hongrois Jacob, avait rassemblé autour de lui une multitude fanatique venue des cam-

6.

pagnes et appelée pour cela les *Pastoureaux*; c'étaient surtout des paysans et des bergers.

Saint Louis avait quitté son royaume pour aller à la conquête de la Palestine ; la France était alors dégarnie de troupes. L'association de ces paysans fut la suite des exhortations d'un moine appelé *Jacob*, échappé du cloître de Citeaux. Le visage décharné de cet homme paraissait inspiré ; son éloquence mâle et sauvage lui gagna la multitude.

« Je suis l'homme de Dieu, disait-il, je suis le « maître de la Hongrie. J'ai vu les anges, la vierge « Marie : ils m'ont ordonné de prêcher une croisade. « Je ne veux pas de gentilshommes, Dieu méprise « leur orgueil. Aux pauvres et aux petits est ré- « servé l'honneur de délivrer le roi et les lieux saints. »

Ce nouveau prophète, environné de disciples, traîna bientôt à sa suite plus de 100,000 hommes. Il leur distribua des drapeaux chargés de devises, leur donna des chefs tous exaltés comme lui.

Jacob alla prêcher à Orléans. Un clerc ayant eu la hardiesse de vouloir réfuter le maître de Hongrie, un des satellites du moine fendit, d'un coup de hache, la tête de l'imprudent.

La régente, Blanche de Castille, toléra d'abord le rassemblement de ces nouveaux croisés : elle espérait en tirer un prompt secours pour son fils. Mais les disciples de ce moine se donnèrent bientôt, comme lui, la licence, quoique laïques, d'exercer les fonctions sacerdotales : *ils confessaient, rebaptisaient, ils dépeçaient les mariages*, dit la chronique du temps, *et accomodaient la morale chrétienne à leurs idées et à leur intérêt.*

Jacob, à la tête de sa troupe, vint à Paris et envahit l'église de Saint-Eustache. Là, il fit poignarder plusieurs prêtres, et chasser ceux qu'il ne craignait pas. Certain alors de trouver dans la multitude une obéissance aveugle, son langage devint plus terrible.

Ses déclarations furibondes furent malheureusement suivies des résultats où elles tendaient.

Nobles et manants se firent une guerre acharnée. Des flots de sang furent répandus.

De tels excès réveillèrent enfin la régente qui s'empara des chefs de la croisade et les fit exécuter. En même temps, elle donna des ordres pour laisser passer ceux qui voulaient quitter le royaume.

Après la mort de leurs chefs, les paysans et les bergers se dispersèrent et bientôt s'écoula ce torrent qui menaçait de tout envahir.

Jean Petit (1414) vit, en 1417, son église profanée par de nouvelles fureurs. Isabelle de Bavière, femme de Charles VI, pour se venger de la juste sévérité de son royal époux, avait livré Tours et Paris à l'étranger.

Les Anglais et les Bourguignons étaient maîtres de la capitale.

Les agents du duc de Bourgogne, dans le but de diriger plus facilement les Parisiens, voulurent se réunir sous une même bannière et instituèrent à Saint-Eustache la confrérie de Saint-André. Chaque associé devait orner sa tête d'une couronne de roses.

On en fabriqua soixante douzaines dans l'espace d'une heure.

La tête couverte de ces roses printanières, les bouchers de Paris, qui formaient le noyau de cette confrérie redoutable, coururent égorger les *Armagnacs*.

Jean Balue (1496), neveu du cardinal de ce nom, fut nommé, à deux reprises, curé de Saint-Eustache. Il s'occupa sérieusement des intérêts de sa paroisse, et le peu qui nous reste des souvenirs de cette époque, nous rappelle sa charité.

Déjà pendant sa première administration, vers 1496, avait été fondé, sous son influence, l'hôpital dit de Grenelle, par Catherine du Homme, veuve de Guillaume Barthélemy, *pour huit pauvres veuves ou filles âgées de 40 à 50 ans.*

Cet asile de la vieillesse fut abattu avant 1753. Ce fut encore par ses démarches pleines de zèle que Balue obtint des lettres patentes, vers 1526, pour l'établissement légal de Sainte-Madeleine, qui existait depuis 200 ans comme propriété de la fabrique.

Cet hôpital situé rue Montorgueil, au coin de la rue Tiquetonne, avait été fondé sous le nom de Sainte-Agnès et de Saint-Eustache, vers 1300, sur un terain donné à la fabrique par Philippe de Magny, « pour y loger et héberger les pauvres de la « dicte paroisse seulement. » Dans le principe, il ne pouvait recevoir que huit pauvres.

En 1339, Philippe, roi de France, approuve une rente de 40 livres possédée ou à posséder par « les

« frères et sœurs de sainte Marie-Magdeleine, encom-
« menciées et ordonnées par vint et cinq pauvres
« mendianz ». Il permet « qu'ils aient chapelle à
« faire célébrer les messes, faire chanter et aisier
« les pauvres », à la condition que l'on priera « pour
le Roy, la reine sa compaigne, et « ses diz enfans » ;
ce qui prouve qu'une confrérie s'était érigée afin
d'avoir soin dudit hôpital. Le 2 février 1342, il con-
firme l'érection de cette confrérie et il octroie « que
« douze frères d'icelle puissent députer et ordon-
« ner, toutes foiz que mestier sera, et si comme
« leur semblera, quatre personnes, pour chacier,
« poursuir et faire les besognes d'icelle confrérie,
« des dictes chapelles, messes et hospital. » Puis il
octroie que, « quarante livres de rente annuelle et
« perpétuelle acquise ou acquerre sans fié et justice,
« ils, et leurs successeurs frères et sœurs de la con-
« frérie, puissent tenir perpétuellement et paisible-
« ment, sanz que ils soient contraintz à les vendre
« ou mectre hors de leurs mains et sans paier
« à lui et à ses successeurs, aucune finance. »

En 1404, cette société est appelée en divers actes
confrérie et hospital de Sainte-Marie-Magdeleine ;
en 1484, confrérie Sainte-Anne-Magdeleine de l'église
Saint-Eustache.

En 1423 on l'affecta, dit Sauval, d'après les extraits de comptes de la prévôté de Paris, au traitement de ceux qui étaient atteints de la maladie sy-
philitique.

En 1481, Jeanne, veuve Dublé, donna 48 sols
parisis de rente sur une maison de la rue Montor-

gueil « pour convertir et employer chaque an en « busches et charbon pour chauffer les pauvres lo- « geant en ledit hôpital. »

En 1500, Gillette Lesguisé, veuve de Nicolas Ferret, fonda une mese quotidienne dont les deniers furent employés à agrandir cet hôpital.

Sous l'administration de Jean Balue, il était, en conséquence, florissant et d'une telle utilité pour la classe indigente qu'il le fit reconnaître par lettres patentes; mais il ne tarda pas à perdre de son importance, car, en 1578, les marguilliers n'en conservèrent que le rez-de-chaussée pour le service des pauvres et louèrent à bail, vers 1603, le reste de la propriété. »

Lecoq (1537) était clerc au Parlement et docteur en théologie.

Il traita avec le chapitre de Saint-Germain-l'Auxerrois pour l'affranchissement complet de la cure de Saint-Eustache, qui relevait toujours sur certains points de Saint-Germain, moyennant une somme de 300 livres par an, et il mit fin à ces querelles de suprématie spirituelle qui causaient depuis longtemps des scandales.

Desperriers rapporte une anecdote plaisante sur Jean de l'Espine, dit Pont-Allais, qui fut à la fois auteur, directeur et acteur des spectacles badins, et dont le nom était très populaire sous François Ier.

Il faisait, un jour, battre le tambour près de l'église pour annoncer une représentation.

Le curé qui était en chaire et dont le tambour

couvrait la voix, sort aussitôt et court vers Pont-Allais :

« Qui vous a fait si hardi de jouer pendant que je prêche ? »

Le comédien lui répond avec un insolent sang-froid :

« Qui vous a fait si hardi de prêcher tandis que je tambourine ? »

Le curé, indigné de cette réponse, crève le tambour.

Pont-Allais, toujours bateleur, saisit le prêtre, le coiffe de l'instrument effondré et le pousse dans l'église au milieu des rires de la foule.

M. Lecoq résigna sa cure en faveur de son neveu, et mourut en 1568. Il fut inhumé dans le chœur.

Benoist (René) (1568) fut un des ecclésiastiques les plus remarquables de Paris, au XVIe siècle, par ses talents et par l'influence dont il jouit. D'abord partisan de la Ligue, il prononça l'oraison funèbre des deux Guises, assassinés aux États de Blois, avec une grande éloquence ; plus tard, il se rallia à Henri IV, assista à son abjuration, le 25 juillet 1593, dans l'abbaye de Saint-Denis, et devint son confesseur. En 1597, pendant qu'une maladie pestilentielle ravageait sa paroisse, il déploya un grand zèle et une admirable charité.

Docteur en Sorbonne, il écrivit plusieurs ouvrages de théologie et publia des sermons.

La paroisse lui doit des accroissements considérables.

Tonnelier (1608) devint curé de Saint-Eustache, par la résignation du précédent dont il était le vicaire. Docteur de Navarre, recteur de l'Université et licencié en théologie, il avait la confiance de ses paroissiens.

C'est sous son administration que Saint-Eustache arriva à l'apogée de la richesse.

Outre 26 maisons, estimées la somme de 352,000 livres tournois (*Arch. nat.*), la fabrique possédait encore, rue Saint-Honoré, une maison que lui avait léguée un chirurgien ordinaire du roi, nommé Honoré Baussier, « à la charge d'employer les loyers de ladite maison à faire enterrer les pauvres de la paroisse par charité ».

Le même homme bienfaisant en avait donné une autre « dont moitié des loyers devaient servir à faire apprendre aux quatre pauvres enfants de chœur un métier, après qu'ils auront fini leur temps ».

Déjà, par l'influence du curé, en 1634, une donation avait été faite aux donateurs de la Compagnie de Bon-Secours, portant pour condition l'obligation « de faire instruire treize petits garçons, issus de pauvres honteux de la paroisse, et de faire apprendre à dix enfants, des vingt-cinq qui sont à l'école de ladite confrérie, de ceux qui seront le plus avancés en la lecture, à bien escrire, compter, jecter aux jectons et à la plume par un maître escrivain, et de fournir auxdits petits enfants papier, plume, encre, autant que sera nécessaire ».

Si la charité pastorale veillait aux besoins des pauvres, elle n'oubliait pas les soins spirituels.

Un grand nombre de prêtres s'étaient attachés à la

paroisse. Une confrérie de Sainte-Reine s'y était fondée en 1604; confirmée par Sa Sainteté le pape Paul V en 1608, elle attirait plus tard un grand concours de pieux pèlerins.

Vers le même temps, on y faisait avec pompe la translation des reliques de saint Eustache, qui étaient envoyées de la cour de Rome pour enrichir davantage le trésor que l'on possédait déjà.

Marlin (1643), par quelques écrivains désigné sous le nom de *Marlin*, docteur de Sorbonne et de Navarre, neveu du précédent, qui lui résigna son titre, eut de la peine à se faire reconnaître.

En effet, M. Tonnelier venait de mourir; l'archevêque de Paris nomma bientôt un successeur à ce respectable vieillard.

Celui-ci vint pour prendre possession de sa cure; mais le neveu du curé défunt, le sieur Marlin, simple prêtre, crut pouvoir s'opposer à son installation, donnant pour raison que la cure lui appartenait en vertu de l'acte signé par son oncle.

Cet argument n'était pas des meilleurs: cependant, fortifié par la bienveillance des dames de la Halle, comptant sur l'appui des paroissiens les plus influents, le neveu persista.

Toute la population du quartier s'assemble en tumulte pour le protéger, met en fuite les soldats, et installe le curé de ses affections.

Ce désordre dura trois jours. Enfin les dames de la Halle envoyèrent une députation à la reine.

L'orateur féminin, après avoir expliqué les causes

de l'émeute, résuma, dit-on, son discours par ces paroles : « Notre curé, qui est mort, était si bon, si humain, que nous l'avons tous pleuré. En mourant, il a désigné son neveu pour son successeur, et l'on a voulu nous en donner un autre. Ce n'est pas juste, n'est-ce pas, madame la Reine ? Les Marlin, voyez-vous, depuis bien longtemps, sont curés de Saint-Eustache de *père en fils*, et les paroissiens n'en souffriront pas d'autres. »

La reine sourit ; puis, en regardant le front pur de la jeune fille qui portait la parole, elle redevint sé-rieuse. Elle ne put leur promettre une entière satis-faction, mais elle fit éloge de leur reconnaissance, et les assura que de si beaux sentiments ne pouvaient que leur porter bonheur.

Cette réponse évasive, rapportée à la Compagnie des halles, loin d'apaiser l'émeute, la rendit plus animée, et déjà les bourgeois commençaient à barri-cader les rues, lorsqu'on apprit que l'archevêque se rendait au vœu général.

Marlin succéda donc à son oncle, et le calme se rétablit, ce qui n'empêcha pas les mauvais plaisants de placarder sur l'église une affiche ainsi conçue :

« Avis. — *La cure de Saint-Eustache est à la nomimination des dames de la Halle.* »

Mme d'Aubigné, connue depuis sous le nom de Mme de Maintenon, dut longtemps son existence à une dame charitable de Saint-Eustache, et y reçut, dit-on, l'aumône jusqu'à l'époque de son mariage avec Scarron.

On lit dans sa vie, imprimée en 1657, qu'elle se

levait tous les jours à minuit, et qu'elle allait ensuite
à matines à Saint-Eustache, sa paroisse, où cet
office se chantait à deux heures du matin aux fêtes
solennelles.

En effet, l'église Saint-Eustache est une de celles
qui ont conservé le plus longtemps le louable usage
de chanter l'office nocturne pendant la nuit, et les
chapelains y avaient un habit qui servait à les dis-
tinguer de toutes les autres églises de Paris.

Louis XIV, qui résida quelque temps au Palais-
Royal avec sa mère, Anne d'Autriche, régente pendant sa minorité, fit, vers 1649, sa première communion, dans cette église, des mains de M. Marlin.

Ce fut encore ce pasteur, à la demande duquel
Louis XIV constitua par lettres patentes la Compagnie de Notre-Dame-de-Bon-Secours, érigée par l'autorité de Notre Saint-Père le Pape Urbain VIII, pour
le soulagement des pauvres honteux malades de la
paroisse, en avril 1662.

M. Marlin fonda aussi la communauté des prêtres
en 1674, et échangea ensuite son titre curial contre
celui de chanoine de Paris et archidiacre de Brie avec
M. de Lamet, qui fut son successeur.

De Lamet (1677), docteur de Sorbonne, ancien
archidiacre de Brie, succéda à M. Marlin, son oncle.
Zélé, agissant, toujours prompt à secourir, il donnait
aux pauvres une partie de son nécessaire.

Il fut le fondateur de la communauté des filles de
Sainte-Agnès.

Aux termes des lettres patentes qui l'autorisaient,

elle devait être composée de plusieurs filles de bonne conduite et de bon exemple qui vivront en communauté et y apprendront aux pauvres filles de la paroisse les métiers auxquels elles auront le plus d'inclination.

La communauté jouira de toutes les franchises, exemptions, dont jouissent les maisons de fondation royale, à condition qu'elle ne pourra jamais être changée en maison de profession religieuse, mais demeurera toujours en état séculier, selon les règles et statuts donnés par le sieur curé de Saint-Eustache.

M. Colbert leur donna 500 livres de rentes. Sa sœur, Anne Pasquier, fut l'institutrice et la première supérieure de cette communauté qui était située rue Jean-Jacques-Rousseau.

On conserve dans le grand salon du presbytère deux portraits de M. de Lamet : l'un est une belle gravure, l'autre est une peinture fort estimée.

Secousse (Robert) (1698), docteur en théologie de la Faculté de Paris, petit-neveu du précédent curé, régit la paroisse pendant près de 30 ans avec un zèle et une piété admirables. Il se démit de son titre en faveur de son neveu.

Secousse (Jean (1729). Il continua l'œuvre de son oncle aux applaudissements de tous les paroissiens.

La cure avait pris une extension très remarquable. L'abbé Expilly compte dans une des années de son administration un vicaire, six sous-vicaires et quatre-vingts prêtres habitués, rendant tous d'éminents ser-

vices. Il composa plusieurs ouvrages, entre autres les
offices propres de sainte Agnès, saint Eustache et
saint Louis.

On lui doit la fondation de la communauté des
prêtres. Il avait acheté un superbe bâtiment situé
rue des Prouvaires, dont le nom rappelle la demeure
des prêtres, et il y logeait honorablement son nombreux clergé.

M. Secousse mourut en 1771 et fut inhumé dans
le chœur de l'église.

Un mausolée, où il est représenté dans un médaillon
en relief, était placé sur son tombeau. Il est maintenant au-dessus du bénitier nord, près du grand
portail.

Les révolutionnaires à Saint-Eustache.

Dès 1791, M. le curé Poupart dut abandonner son
église et se tenir caché, continuant d'administrer
secrètement la paroisse avec plusieurs de ses vicaires.

L'église Saint-Eustache, par sa position dans un
des centres les plus populeux de Paris, était naturel-
lement destinée à devenir, dans ces temps orageux,
le théâtre de graves événements.

Le corps de **Mirabeau** y fut déposé le 3 avril 1791
et l'éloge du grand orateur y fut prononcé par
Cerutti.

Le soir, on transféra le cercueil au Panthéon, destiné à recevoir les cendres des grands hommes.

Au mois de mai suivant, les garçons perruquiers
firent célébrer à Saint-Eustache un service pour le
grand orateur. Cette fantaisie, plus politique que
religieuse, inspira des craintes sérieuses ; on s'at-

tendait à voir l'église envahie par 20,000 personnes;
fort heureusement que la réunion ne fut guère que
de six cents et que l'assistance se conduisit sage-
ment, à en croire le journal de Prud'homme.

Il s'y tint aussi un club de femmes. Voici ce qu'en
dit de Lamartine : « La société révolutionnaire siégeait à Saint-Eustache : elle était composée de
femmes perdues, aventurières de leur sexe, ramassées
dans le vice, ou dans les réduits de la misère ou
dans les cabanons de la démence. Le scandale de
leurs séances, le tumulte de leurs motions, la bizarrerie de leur éloquence, l'audace de leurs pétitions,
importunaient le Comité du Salut public. Que l'on
juge par là de ce que devait être la pauvre église !
Près de là siégeait aussi le fameux club de la rue
Mauconseil. »

En 1793, la fête de la **Raison** fut célébrée dans
l'église Saint-Eustache ; l'intérieur du chœur représentait un paysage où l'on voyait çà et là quelques
chaumières, et des rochers entre lesquels on avait
pratiqué de petits sentiers conduisant à des grottes
mystérieuses.

Rien ne manquait à cette profanation. Autour du
chœur étaient dressées des tables surchargées de
bouteilles, de saucissons, de pâtés et de fruits. Les
convives affluaient par toutes les portes, et quicon-
que se présentait avait droit au festin.

Les républicains avaient fait de l'église de nos
pères un immense cabaret, un lieu de désordre.

Dans le charnier de Saint-Eustache se tenait le
club des femmes, fondé par une actrice nommée

Lacombe, qui fut blessée au poignet en combattant au 10 août. Cette fille présidait en bonnet rouge cette singulière société, qui fut dissoute après un discours de Robespierre, discours dans lequel nous remarquons la phrase suivante :

Cette réunion des vraies sans-culottes ne saurait durer plus longtemps, parce qu'elle prête au ridicule et aux propos malins.

En sortant de Saint-Eustache, à l'angle formé par les rues du Jour et de Montmartre, sous le corps de garde, se trouve un égout dans lequel fut jeté le corps de **Marat**, ce lépreux physique et moral qui n'était pas digne d'une autre tombe.

Entre le rapport de la Commune de Paris, qui décernait, en juillet 1793, des honneurs funèbres à Marat et cette tardive justice de l'*égout*, existe un contraste singulier qui peut servir d'exemple aux ambitieux, aux fanatiques qui, dans les révolutions, surnagent un moment confondus avec l'écume.

Entre la cérémonie des Cordeliers et le supplice de l'égout, il n'y a pas même l'espace d'une année !...

Poupart reparut à la tête de sa paroisse avec le titre de chef du culte catholique, le 24 juin 1795, époque de la réouverture de Saint-Eustache, qui précéda de beaucoup celle de bien d'autres paroisses. Il était accompagné de MM. Potard, Fleury et Champsaur, ses anciens vicaires.

Il fut obligé de partager le local, soit avec les sectateurs du culte théophilanthropique, soit avec les assemblées municipales qui, à certains jours, y tenaient leurs séances. Il mourut le 19 mars 1796, peu de temps après la reprise de ses fonctions curiales, et fut inhumé sous les charniers, près de la chapelle de la Sainte-Vierge.

Son portrait se trouve à la Bibliothèque nationale, *Collection de costumes*, par Daflot, page 15.

Bossu fut le premier curé après la Révolution (1801). Il présida au rétablissement complet de l'église, dont toutes les richesses avaient été dilapidées, dont les tombeaux avaient été fouillés, dont tout le mobilier avait disparu, dont les chapelles avaient été dévastées.

Il fit payer l'orgue de Saint-Germain-des-Prés, il obtint des tableaux de grand prix, extraits du Musée de Versailles, et, par son crédit, qu'appuyait une réputation rare de sagesse et de brillante éducation, il amena une grande quantité de dons à l'église. Du reste, la piété des fidèles, la générosité des membres influents de l'État, étaient encouragées par le noble désintéressement du pasteur, non moins que par les largesses de ses vicaires, qui se chargèrent de restaurer chacun leur chapelle.

Une ordonnance de Mgr de Belloy, sévère au premier coup d'œil, mais nécessitée par l'époque de transition où se trouvait la religion, proscrivait des églises du diocèse la musique comme étant un usage trop profane et inconvenant au culte divin.

M. Bossu, alléguant que sa paroisse renfermait dans son enceinte l'ancienne paroisse des *Innocents*, où, de tous temps, la musique avait été autorisée par privilège spécial, obtint un adoucissement à la rigueur de ce statut disciplinaire.

Il fit contribuer à la majesté des cérémonies les œuvres des grands artistes, en accueillant les hommages qu'ils rendaient au catholicisme renaissant en France.

Manglard (1836), curé de Saint-Leu, chevalier de la Légion d'honneur, fut installé à Saint-Eustache le 21 juillet 1836. Il s'occupa très sérieusement de sa paroisse et *améliora le sort temporel des membres de son clergé*.

Il fut nommé évêque de Saint-Dié et sacré dans l'église Saint-Eustache le 25 juillet 1844. La fabrique, pleine de vénération pour son pasteur, voulut supporter seule les frais de cette pompeuse cérémonie.

M. Manglard mourut à Saint-Dié le 17 février 1849 et laissa par testament à l'église Saint-Eustache son bougeoir, sa crosse et une somme d'argent pour l'acquit à perpétuité de douze messes par an.

On conserve dans le grand salon du presbytère une superbe lithographie qui le représente en costume d'évêque.

M. **Deguerry**, ancien chanoine et archiprêtre de Notre-Dame, prit possession de la cure de Saint-Eustache le 5 août 1844. Ce fut pendant la première année de son administration qu'éclata l'incendie qui dévasta Saint-Eustache.

L'église restait nue, froide, humide. Pour y ramener les fidèles, ce prêtre zélé multiplia ses prédications éloquentes et organisa une vaste loterie.

Très aimé du peuple, il fut nommé à l'Assemblée nationale et profita de la faveur dont il jouissait pour préparer le complet relèvement de sa paroisse.

Il n'y resta que quatre ans et fut nommé curé de la Madeleine en 1848. Plus tard, il tomba sous les balles de la Commune, à côté de Mgr Darbois, archevêque de Paris, en 1871.

Gaudreau, ancien curé de Saint-Ambroise, succéda à M. Deguerry en 1849.

Il eut le bonheur de voir l'église sortir des ruines où l'avait jetée l'incendie. Elle fut restaurée par les soins de la Ville de Paris, déblayée au midi des bâtiments qui la masquaient, ornée de magnifiques peintures et pourvue des orgues dont on a parlé.

Simon (1858-1873) contribua grandement à la restauration de Saint-Eustache.

Sous son administration, tout le transept nord fut refait ; on établit deux puissants calorifères pour chauffer l'immense enceinte ; on ferma toutes les chapelles par de belles grilles de fer forgé ; enfin on posa le pavé de marbre, en mosaïque, du chœur.

Quand vinrent les tristes jours de la Commune de 1871, ce prêtre pieux et charitable entra dans l'histoire de sa paroisse avec une grandeur et une beauté de caractère qui lui font une place à part, en nous montrant de quelle estime et de quelle popularité il jouissait. Laissons parler les faits.

Le jeudi saint 6 avril, M. Simon est arrêté par six gardes et un sergent qui le conduisent à la Préfecture de police où il est emprisonné. Aussitôt une pétition spontanée partait de son ancienne paroisse de Sainte-Marguerite, et une autre du Petit-Montrouge, pour réclamer sa délivrance. Dans la paroisse Saint-Eustache, les bouchers organisent une protestation, puis les dames de la Halle envoient une délégation à la Préfecture pour exiger qu'on leur rende leur curé.

Celle qui doit parler en leur nom est introduite dans le bureau de ces *messieurs*, grâce à la protection d'un ami de Félix Pyat; elle se trouve en présence de juges nombreux, mais elle n'est pas timide.

— Citoyenne, que demandez-vous ?

— Je veux mon curé, M. Simon, curé de Saint-Eustache. Je ne viens pas pour vous demander une grâce, entendez-vous ? Je veux mon curé.

— Votre curé est comme bien d'autres.

— Les autres, ce n'est pas mon affaire; je veux mon curé. Dites-moi donc pourquoi vous l'avez pris ?

— Parce que c'est notre bon plaisir.

Un mot terrible accompagne cette réponse ; on avait murmuré à l'oreille du président ce renseignement tiré du dossier : *Simon, Eustache, Mazas.*

— Non, dit la femme avec colère, il n'ira pas à Mazas, je veux le ramener avec moi ; sans cela, vous ne savez pas ce qui vous attend aux Halles !

Ces *messieurs* prenant alors un ton plus conciliant:

— Allons, ne vous faites pas tant de bile, ma petite mère, vous l'aurez votre curé.

— Mais quand l'aurai-je ?

— Demain (c'est-à-dire le samedi saint).

— Ah ! je vous connais, demain vous ne me le donnerez pas ! Mais je reviendrai, soyez tranquilles, et nous verrons.

— Est-il aimé de ces dames de la Halle, ce curé-là ! dit un assistant.

— Et des hommes aussi, répond un voisin, car il y a là une pétition du faubourg Saint-Antoine et bien d'autres encore !

La dame revint en effet le samedi et reçut la promesse que son curé serait délivré pour le jour de Pâques.

Le même jour, on signa encore deux nouvelles pétitions dans le quartier, et une tentative très touchante fut faite par une autre dame de la Halle.

Elle s'est munie d'un laisser-passer et va pour se rendre à la Préfecture : « Mais il ne faut pas aller seule, lui disent les compagnes. — Eh bien, j'irai, moi, répond un jeune enfant. » C'était Paul Broda, il a dix ans ; sa mère, marchande au petit tas, est restée veuve avec deux enfants. Connaissant l'énergie et le cœur de Paul, la dame part avec lui.

Au moment où ils sont introduits devant le chef du bureau, celui-ci lit une lettre qui lui est adressée en faveur du curé de Saint-Eustache par un menuisier du faubourg Saint-Antoine, père de sept enfants. « Allons, dit-il, c'est encore le curé de Saint-Eustache, nous ne nous occuperons donc que du curé de Saint-Eustache. »

Paul murmure dans ses dents.

— Que dis-tu, petit ?

— Je dis qu'il n'a pas un bon feu comme vous.

— C'est qu'il n'a pas de bois.

— Pardi, pas de bois, il le donne aux pauvres et son argent aussi.

— Qu'en sais-tu ? T'en a-t-il donné à toi ?

— Pas à moi, mais à ma mère ; il lui en a donné pour acheter ses choux, et maintenant qu'elle a une fluxion de poitrine, c'est lui qui lui envoie du bon bouillon.

Ces paroles, dites avec aplomb, attirent l'attention presque bienveillante de ces *messieurs*. Cependant l'un d'eux dit à l'enfant : « Allons, allons, ton curé ira dans la grande boutique. — Qu'est-ce que c'est que votre grande boutique ? » dit Paul, qui a compris, et deux grosses larmes coulent de ses joues.

Cependant, il continue : — Comment, vous ne me le rendez pas, mon curé ? Qui est-ce qui me donnera à manger ce soir ?

— Il donne donc beaucoup aux pauvres ?

— Venez voir à l'église la queue qu'il y a tous les matins.

— Eh bien, mon garçon, pour ce soir, tâche de trouver quelqu'un qui te donne à dîner et demain ton curé te donnera à déjeuner. Ce qui nous fait plaisir, ajouta le chef, c'est de voir ce curé réclamé par les pauvres et les ouvriers. Quant à plaire tant aux dames de la Halle, il faut qu'il ait de grandes qualités, car, en général, elles ne sont pas bégueules...

Non, mais elles auraient pu donner à ces *messieurs* des leçons de justice, de bon sens et de foi.

La dame subit aussi son interrogatoire : elle fut, du reste, écoutée avec patience et bonté quand elle raconta les traits de délicatesse charitable dont elle et plusieurs de ses compagnes avaient été l'objet de la part de M. le curé, surtout pendant le siège.

Félix Pyat, quand on lui demande la liberté de M. Simon, répond qu'on parle à un diable converti ; Charles Beslay, honnête homme fourvoyé, sauveur de la Banque de France, écrit une lettre en faveur du curé de Saint-Eustache ; enfin, grâce aux démarches zélées et infatigables de M. Magne, neveu de M. le curé, un ami de Raoult Rigault, promet d'intervenir auprès de lui.

Tant de généreux dévouements obtiennent enfin la récompense. Laissons la parole à M. Simon lui-même.

« J'ignorais toutes les démarches de mes paroissiens et de mes amis lorsque, le 9 avril, jour de Pâques, à trois heures et demie du matin, le geôlier ouvre brusquement la porte de ma cellule, et, d'une voix de stentor : « 115 ! levez-vous, dépêchez-vous, prenez vos bibelots et descendez !...»

— Stupéfait de ce réveil, je lui demande : « Où vais-je ? » Je n'en sais rien, répond-il, peut-être est-ce votre délivrance, peut-être autre chose... Il y a dans la vie tant de jours mauvais. Mais, bref de dialogue et de pourparler, hâtez-vous.

Me lever, m'habiller, prendre les quelques objets que j'avais fut l'affaire d'un clin d'œil, et déjà j'avais franchi le seuil de ma cellule, laissant à mon geôlier un témoignage de ma gratitude pour ses soins à mon égard.

Des gardes armés m'attendaient; ils me placent au milieu d'eux, et, dans le silence de la nuit, à la lueur des quinquets fumants et à moitié éteints, je traverse corridors et cours interminables. Enfin, j'arrive dans un cabinet assez spacieux, meublé et tapissé en vert : la fumée des cigares épaississait l'atmosphère; les gardes me quittent et je me trouve en présence d'un magistrat de la Commune ; il est jeune, porte une barbe épaisse ; sa physionomie est farouche ; il a sur la tête un képi brodé. Autour de lui, formant sa cour, des individus de tous costumes, debout, assis, couchés.

Mon entrée a fait sensation, et tous les regards se dirigent sur moi. L'interrogatoire commence :

— Vous êtes le citoyen Simon, curé de Saint-Eustache ?

— Oui, Monsieur.

— C'est bien vous qui êtes le citoyen Simon, curé de Saint-Eustache ?

— Oui, Monsieur.

— Comment se fait-il que vous soyez ici?

— Comment il se fait que je suis ici ! Ce n'est certes pas de mon chef que je suis enfermé et délaissé, sans que personne de mes accusateurs ait donné signe de vie. Je suis ici parce que des hommes armés sont venus m'arracher de mon presbytère sous le faux prétexte de délivrer, par une démarche, un de mes vicaires arrêté, sans motif, le jeudi matin.

Arrivé au bureau du chef de la police municipale,
on me déclare arrêté ; voilà, monsieur, l'explication
de ma présence ici.

— Il paraît que vous jouissez d'une bonne réputation dans votre quartier... Voici votre laissez-passer.
Mais il est nuit ; seul dans les rues, vous pourriez
être contrarié sur votre route ; je vais vous faire accompagner par un de mes amis.

Le laissez-passer était ainsi conçu :

« Laissez sortir de la Préfecture le citoyen Simon,
curé de Saint-Eustache...

                         « Raoul Rigault.

     « (Cachet). 9 avril 1871. »

Il était libre ; sa paroisse l'avait délivré des mains
de ces hommes de sang auxquelles personne ne put
arracher ni l'archevêque de Paris, ni le curé de la
Madeleine, ni tant d'autres prêtres ou personnages
éminents qui furent fusillés à la Roquette.

M. Simon chanta la messe le jour de Pâques, offrit
le pain bénit à ses paroissiens et leur adressa ces
simples paroles :

     « Mes biens chers paroissiens,

« Je ne pensais pas célébrer avec vous cette belle
solennité pascale. J'en avais fait à Dieu le sacrifice,
et c'en était un bien grand pour mon cœur. J'ai appris avec quelle ferveur vous avez prié pour moi,
avec quel intérêt vous vous êtes associés à toutes
les démarches inspirées par les circonstances, par

l'affection et par le dévouement. Je vous suis rendu ; après Dieu, c'est à vous que je le dois : donc, tous ensemble, bénissons la divine Providence de nous retrouver ici.

« Permettez-moi de m'en tenir à ces simples paroles et de vous offrir, en signe de joie et de reconnaissance, à chacun autant que possible, un modeste pain bénit, souvenir des agapes anciennes ; nous l'appellerons, si vous le voulez bien, la brioche du retour du pasteur au milieu de son troupeau. Je vous bénis et remonte pour vous au saint autel. »

Chacun reçut, en effet, sa brioche bénite, sans s'étonner de cette attention d'un père, dont on connaît la délicatesse, et nous savons plus d'une famille où l'on garde bien précieusement la brioche du jour de Pâques.

Quelques jours après, un club de démagogues, forçant les portes de Saint-Eustache, y venait tenir ses assemblées tumultueuses comme dans les autres églises. Mais l'énergie calme du pasteur prévint les désordres ; lui-même indique les places à prendre et le président, se levant, dit :

« Citoyens, il est de mon devoir de vous rappeler le respect de ce lieu. Il n'est pas permis d'y fumer ni pipes, ni cigares, ni cigarettes. Les citoyens doivent rester tête découverte et veiller à ne faire aucune dégradation. »

Malheureusement, les présidents se succédèrent et ne ressemblèrent pas à celui-là.

La paroisse jouit d'un calme relatif jusqu'au 23 mai ; mais ce jour-là, pendant que l'armée de

Versailles s'avançait au milieu de Paris, un jeune homme, suivi de deux gardes armés, se présente à M. le curé :

« Vite le tocsin, la ville est en deuil, le danger est imminent, sonnez le tocsin ! »

Il a en main un ordre signé des délégués du premier arrondissement.

— Donnez au moins le temps de prévenir le sonneur et de chercher la clé du clocher.

Et M. le curé prend la peine d'annoncer lui-même aux personnes du presbytère le tocsin que l'on va sonner. De son côté, le sonneur, averti, se hâte d'obéir à l'ordre de la Commune.

Mais par une malheureuse méprise, nous entendons les deux cloches sonner la grande volée des fêtes au lieu du tocsin. On s'émeut. M. le curé, le premier, envoie prévenir le sonneur qu'il se trompe. Mais plus rapides, la foule et les soldats du poste crient à la trahison !... Et ces cloches, silencieuses depuis Pâques, ont, dès leurs premiers sons, jeté dans tout le quartier ce double sens de trahison pour les méchants et de victoire pour les bons. — *Au presbytère !* s'écrie la foule ameutée ; en un instant, elle franchit le seuil et l'escalier qui conduisent à la demeure de M. le curé.

Devant cet envahissement subit, M. le curé se présente avec fermeté : « Je suis chez moi, et il ne vous est pas permis de violer mon domicile ; le sonneur s'est trompé, vous ne laissez pas le temps de l'avertir ; je veux m'expliquer devant vos chefs : j'irai au poste ! — Au poste, s'écrie-t-on. — Le suisse (1), serviteur énergique et fidèle, ancien militaire, décoré de la médaille, veut protéger son curé : il est indignement battu ; son oreille est mise en sang ; il ne doit la vie qu'à la protection d'honorables et courageux paroissiens venus pour protéger l'innocence et le droit. Honneur à vous, MM. Rondel et Vincent, votre intervention à cette heure pouvait vous être fatale, vous n'avez écouté que votre cœur et votre dévouement pour la justice ; soyez-en mille fois remerciés et bénis.

M. le curé sort du presbytère, tête nue, au milieu d'injures et de menaces d'une part, mais aussi, il faut le dire, environné de témoignages de compassion, de courage et de la sympathie d'excellents paroissiens. Ceux-ci, impuissants à le délivrer, ne cessent de l'accompagner jusqu'au poste en s'opposant énergiquement à tout mauvais traitement. Leurs larmes sont un puissant langage compris du prisonnier ; arrivé au poste, les chefs interrogent M. le curé, écoutent les témoins nombreux, et tous à décharge ; l'innocence est reconnue, et M. le curé est ramené chez lui en triomphe par la rue du Jour, aux acclamations de ses paroissiens, qui, de toutes les fenêtres, battent des mains et crient : « Vive monsieur le curé! »

Nous avons su depuis que cette fois, rangées en nombre autour du corps de garde, c'était le couteau à la main et très déterminées que les dames de la Halle étaient venues défendre leur curé (2).

(1) M. Landenweetsch.
(2) *Saint-Eustache pendant la Commune*, par M. l'abbé COULLIÉ, vicaire de la paroisse, actuellement évêque d'Orléans

Avant de mourir, M. Simon eut le temps de réparer tous les dommages causés à l'église Saint-Eustache par les obus et par l'incendie, de refaire la toiture de la chapelle absidale et de laisser à son successeur sa chère église encore plus belle et plus brillante que lorsqu'il l'avait reçue.

Sa mémoire vivra longtemps au milieu de ses paroissiens, doublement fiers de lui avoir sauvé la vie et de lui avoir prouvé leur reconnaissance.

Quelques années après, la dame de la Halle qui avait organisé les pétitions et porté la parole en faveur de M. Simon recevait dans l'église Saint-Eustache de magnifiques obsèques.

Scheltien (1873) fut un bon prédicateur, dont la chaire était toujours entourée d'un auditoire avide de l'entendre. Comme nous l'avons dit, c'est lui qui fit installer le magnifique luminaire du gaz et transformer les grandes orgues.

Quignard (1884) a pris pour modèle M. Simon, dont il fut le vicaire à Saint-Eustache. Nous ne pouvons pas faire de lui un plus grand éloge.

CHAPITRE III

LÉGENDE DES TROIS PATRONS DE LA PAROISSE [1]

SAINT-EUSTACHE

Au temps de l'empereur Trajan, tandis que la malice du démon prévalait dans le monde, un chef militaire nommé Placide, de noble race et possesseur de grandes richesses, était asservi sous le joug de l'erreur. Mais il était juste et charitable, secourant les opprimés, donnant du pain à ceux qui étaient affamés, des vêtements à ceux qui étaient nus.

Son épouse, quoique servant les faux dieux, comme lui, avait les mêmes qualités de cœur et d'esprit. Deux enfants, nés de leur mariage, imitaient les ver-

(1) Nous empruntons cette légende aux Bollandistes (*Acta sanctorum*, 20 septembre). Inutile d'entreprendre l'examen de son authenticité : il suffit que nous la trouvions dans leur livre pour lui donner une place ici.

tus de leur mère et marchaient sur les traces de leur
père.

Celui-ci avait acquis, par ses exploits, un nom
célèbre et jouissait des plus hautes dignités dans
l'armée.

Placide aimait de chasser; un jour qu'avec ses
officiers il poursuivait des cerfs, il en vit un plus
grand et plus beau que les autres qui, l'ayant regardé,
s'élança au plus épais de la forêt.

Désirant le prendre, Placide s'élança à sa poursuite
avec quelques compagnons. Lorsque ceux-ci, épuisés
par la fatigue, furent contraints de s'arrêter, il continua seul la chasse. Il arriva ainsi dans un lieu solitaire et sauvage; alors le cerf, monté sur un rocher,
se retourna vers lui. Une croix radieuse brillait au
milieu de sa ramure portant l'image de Jésus-Christ.

Prodige divin! il entendit la voix du cerf qui lui
parla ainsi :

« O Placide, pourquoi me poursuis-tu? Je suis venu
ici pour toi; sous la forme de cet animal, je suis le
Christ que tu honores sans le connaître. Tes aumônes
ont plu à mes yeux, et je veux te prendre toi-même
dans les filets de ma miséricorde, car il ne serait
pas juste que l'homme que j'aime pour ses bonnes
œuvres fût le serviteur des démons et des vaines
idoles. »

A ces paroles, Placide, saisi d'une grande terreur,
descend de cheval et se prosterne à terre.....

Alors le cerf : « Reçois, avec ton épouse et tes
enfants, le signe du baptême qui te purifiera de la

souillure des faux dieux ; puis reviens ici ; je te dévoilerai l'avenir et des mystères de salut. »

Revenu dans sa maison, Placide raconta cette vision à son épouse, qui s'écria:

« Seigneur Jésus-Christ, ayez pitié de moi et de mes deux petits enfants! Moi aussi je l'ai vu, la nuit dernière, et il m'a dit : Demain, toi, ton époux et tes fils, vous deviendrez mes serviteurs. »

Ils vinrent donc au prêtre qui leur exposa les vérités de la foi, et, plein d'une joie surabondante, leur conféra le sacrement du baptême. Placide prit alors le nom d'Eustache, son épouse celui de Théophyta, le fils aîné celui de Agapius et le second celui de Théophytus.

En les congédiant, le prêtre leur dit : « Que le Seigneur Jésus-Christ, fils de Dieu, soit avec vous et qu'il vous donne son royaume éternel, car j'ai connu que sa main vous dirige. »

Le lendemain, Eustache revint dans la forêt et pénétra jusqu'au lieu où il avait vu le Seigneur. La même vision lui apparut, et il lui fut annoncé qu'il supporterait de grands malheurs pour mériter une grande récompense, qu'il serait le Job de son temps destiné à recevoir tous les coups de la rage du démon, mais aussi à triompher de ses assauts et à remporter une insigne victoire. Et le Seigneur finit en disant : « Combats avec confiance, Eustache, ma grâce sera avec vous et sauvera vos âmes. »

L'effet ne tarda pas à suivre la prédiction. Une maladie contagieuse se déclara dans sa maison et fit mourir tous ses serviteurs.

Profitant de ce fléau, des voleurs vinrent la nuit et lui dérobèrent toutes ses richesses ; l'or, l'argent et même les vêtements.

Dans le même temps tout le peuple célébrait solennellement le triomphe de l'empereur après les victoires qu'il avait remportées sur les Perses. Ne pouvant pas y paraître, comme son rang de chef de l'armée l'y obligeait, à cause de son dénûment, Eustache prit sa femme et ses enfants et partit avec eux pour l'Egypte. Ils montèrent sur un navire dont le chef était un homme barbare et inhumain. Celui-ci voyant l'épouse d'Eustache, qui était belle, voulut la retenir pour lui. Il exigea donc un prix élevé pour le trajet, et comme Eustache ne pouvait point le payer, il le fit précipiter dans la mer avec ses deux fils.

Tous les trois purent gagner le rivage, qui n'était pas éloigné ; là Eustache pleura en se voyant séparé de sa chère compagne. « Malheur à vous et à moi, mes enfants, s'écria-t-il, car votre mère est livrée à un barbare ! »

Cependant ils s'avancèrent dans les terres jusqu'à ce qu'ils rencontrassent une large rivière.

Et Eustache n'osant pas entrer dans l'eau avec ses deux fils en prit un sur ses épaules, laissant l'autre sur la rive, pour venir le chercher après qu'il aurait déposé le premier de l'autre côté. Il fit donc ainsi ; mais comme il se trouvait, au retour, au milieu des eaux, il vit tout à coup un lion fondre sur son enfant qu'il venait chercher et l'emporter dans les bois. Désespérant d'atteindre le monstre, il retourna en arrière; mais avant qu'il eût touché le rivage, un loup saisit son second fils et l'emporta dans la forêt sans qu'Eustache pût l'atteindre. Vous êtes le Dieu fort, ô mon Dieu! disait-il en sanglotant; mais si vous ne me soutenez, que deviendrai-je? Seigneur Jésus, ne m'abandonnez pas et ne méprisez pas mes larmes!

Un nouveau courage lui fut inspiré pour supporter cette suprême épreuve.

Cependant le lion n'avait fait aucun mal à l'enfant; il le portait en courant dans sa tanière lorsqu'il fut aperçu par des bergers; ils le poursuivirent avec leurs chiens, et le lion voulant rugir laissa tomber sa proie.

Il en fut de même pour le second; des laboureurs virent le loup qui l'emportait; ils s'élancent à sa poursuite, et le Ciel permit que la bête, effrayée, lâchât l'enfant qui, n'avait aucun mal.

Or ces bergers et ces laboureurs n'étaient pas du même village, et les deux frères furent élevés séparément dans les maisons de ces braves gens qui les adoptèrent.

Eustache, ignorant ces choses, s'avançait en pleurant dans ce pays inconnu. Il arriva ainsi dans un village appelé Badyssus, où il se fit ouvrier, gagnant sa vie par le travail de ses mains. On lui confia la direction de plusieurs travaux d'agriculture, et il vécut ainsi pendant quinze ans.

Quant au maître du navire, il conduisit l'épouse d'Eustache dans son pays; mais Dieu protégea sa servante et la préserva de tout contact impur avec l'infidèle, exauçant ainsi sa prière incessante. Bientôt, le pirate étant mort, elle recouvra sa liberté; mais sans appui et sans ressources, elle retomba en servitude, sans toutefois courir de nouveaux risques pour sa vertu.

Cependant, les ennemis des Romains firent une invasion dans ce pays et dévastèrent une grande partie du territoire. Au milieu de ce désordre, l'empereur se ressouvint de Placide, de la grande valeur qu'il avait déployée pour assurer la victoire à ses armes, et il s'attrista de l'avoir perdu. Il s'informait souvent de lui auprès des officiers et des soldats, et personne ne sachant ce qu'il était devenu, il se décida à envoyer des émissaires dans toutes les provinces de l'empire pour découvrir sa trace, disant : « Si quelqu'un le retrouve, je le comblerai d'honneurs et de richesses. »

C'est ainsi que deux soldats, Antiochus et Acacius, qui avaient autrefois servi sous Placide, parcourant la terre pour le chercher, arrivèrent dans le propre village où Eustache cachait sa vie.

Celui-ci les aperçut de loin et les reconnut aussitôt; mais eux ne le connurent point.

Comme il se trouvait sur leur chemin, ils vinrent à lui, disant :

— Salut, frère.

Il leur répondit :

— Que la paix soit avec vous, frères.

— Dis-nous si tu connais dans ce pays un étranger nommé Placide avec son épouse et ses deux enfants; si tu nous les fais trouver nous te donnerons beaucoup d'argent.

— Pourquoi les cherchez-vous ?

— Il était notre ami et, après une séparation de tant d'années, nous désirons le revoir.

— Je ne le connais pas. Mais entrez dans la maison où je demeure, car moi-même je suis étranger ici.

Il les reçut ainsi, et se disposait à aller chercher du vin pour les faire boire, car la chaleur était fort grande.

Il dit cependant au maître de la maison :

« Ces hommes me sont connus : donnez-moi de quoi les faire manger et boire, je vous le rendrai sur mes gages. » Celui-ci donna avec plaisir tout ce qui était nécessaire. Eustache les servait, mais il ne pouvait contenir son émotion; il sortait donc pour aller pleurer dehors, puis il lavait ses yeux et revenait converser avec eux. Ceux-ci le regardant avec plus d'attention commencèrent à le reconnaître, et ils se dirent l'un à l'autre : « Comme cet homme ressemble à celui que nous cherchons ! » Et l'un d'eux ajouta : « il est sa vivante image.

Mais je sais que Placide porte sur le crâne la cicatrice d'une blessure qu'il a reçue à la guerre. Examinons celui-ci, et s'il a ce signe particulier, nul doute qu'il ne soit Placide lui-même. Regardant de plus près et avec une plus grande attention, ils virent la cicatrice, et aussitôt, se jetant dans ses bras, ils pleurèrent en disant : « N'êtes-vous pas Placide, le chef de l'armée? Et lui, pleurant à son tour, répondit : Non... Mais ils lui montrèrent la trace de sa blessure.

Il avoua donc qui il était, et raconta l'enlèvement de sa femme et la mort cruelle de ses enfants.

En même temps, une si étrange nouvelle se répan-

dait dans le village ; tous les habitants accoururent
se pressant autour de Placide et écoutant les grands
éloges que ces deux hommes faisaient de lui et quelle
gloire avait été la sienne autrefois. Et ils se disaient
les uns aux autres : « Quelle magnifique glorification
d'un homme qui nous a servi comme un mercenaire !

Eustache connut ensuite les ordres de l'empereur ;
il prit les vêtements militaires de sa charge et il quitta
le village accompagné par tous les habitants qui lui
faisaient une escorte d'honneur. Resté seul avec ses
deux compagnons, il leur raconta par quel prodige il
était devenu chrétien et comment il avait reçu au
baptème le nom d'Eustache.

Après quinze jours de voyage, ils arrivèrent au lieu
où l'empereur se trouvait ; les deux compagnons
d'Eustache le précédèrent pour annoncer son retour,
et aussitôt Trajan vint à sa rencontre, l'embrassa
en pleurant et s'informa de tout ce qui lui était
arrivé. Eustache raconta son histoire à l'empereur et
au Sénat.

Il fut placé de nouveau à la tête de l'armée, organisa la guerre prochaine et envoya des émissaires
dans toutes les provinces pour enrôler les jeunes
hommes, car les troupes qu'on avait étaient insuffi-
santes. Au milieu de la foule des recrues, ceux-ci
amenèrent avec eux les deux fils d'Eustache ; ils
étaient de haute taille et d'une grande et virile
beauté. Eustache ne les reconnut point, mais il les
rattacha au service de sa personne à cause de la haute
estime dont ils jouissaient.

Ensuite il entra en campagne, battit les barbares,

délivra les terres qu'ils avaient envahies et traversa le fleuve Hydaspe pour pénétrer sur leur propre territoire. Conduit par la providence de Dieu, il vint au lieu où vivait son épouse qui travaillait comme jardinière chez un des habitants. C'est là qu'Eustache établit son camp, et sa propre tente, ainsi que celle de ces deux jeunes soldats, fut dressées tout près du jardin dans lequel Théophyta habitait seule comme gardienne des fruits.

Or, au milieu de la chaleur du jour, les deux jeunes gens, assis à l'ombre d'un bosquet de palmiers, se racontaient l'un à l'autre l'histoire de leur enfance, car ils en avaient conservé un vague souvenir. Ces récits, entendus par la mère, qui se trouvait derrière la haie du verger, la rendirent fort attentive. L'un des deux frères disait : « Je ne me rappelle qu'une chose de mon enfance, c'est que mon père était chef d'armée, que ma mère était fort belle et qu'ils avaient deux fils, moi et un autre qui portait des cheveux blonds et était fort beau. Une nuit ils nous firent partir : nous montâmes sur un navire. Mais, quand nous en sortîmes, notre mère n'était plus avec nous. Notre père nous porta dans ses bras en pleurant ; il passa un fleuve avec mon jeune frère et me laissa sur la rive. Quand il revenait pour me transporter à mon tour, un lion s'élança sur moi et m'emporta, mais des bergers me délivrèrent et me prirent chez eux, où j'ai été élevé sans jamais avoir su ce que mon père et ma mère étaient devenus. »

Entendant ce récit, l'autre frère s'écria : « Par le Dieu des chrétiens, tu es mon frère ! ton histoire est

8.

la mienne, et ceux qui m'ont élevé me disaient : « Nous t'avons arraché à un loup. » Et ils s'embrassèrent avec effusion.

Les entrailles de la mère s'étaient émues. Considérant ces deux jeunes gens elle se demandait s'ils n'étaient pas ses fils, car elle reconnaissait son histoire dans le commencement de ce qu'ils avaient raconté. Le lendemain elle se présenta donc au chef de l'armée et lui dit :

« Seigneur, je suis Romaine ; j'ai été conduite comme captive dans ces lieux ; je vous conjure de me ramener dans ma patrie. » En parlant ainsi, elle apercevait dans ce chef tous les signes qui lui faisaient reconnaître son mari ; mais elle avait peur de l'interroger.

Bientôt vaincue par l'émotion, elle se jeta à ses pieds et lui dit : « Seigneur, ne repoussez pas votre servante, mais écoutez sa prière et racontez-lui votre propre vie. Pour moi, je crois que vous êtes le chef d'armée Placide, qui a été surnommé Eustache au baptême, que Dieu avait converti, en lui apparaissant sous la figure d'un cerf et qui, prenant son épouse, c'est-à-dire moi-même, avec ses deux enfants, Agapius et Théophytus, se rendait en Égypte. Il m'a perdue dans la traversée ; le maître du navire, barbare et infidèle, a voulu s'emparer de moi, mais le Christ m'est témoin que ni lui ni personne ne m'ont souillée et que le Seigneur m'a conservée jusqu'à ce jour ma chasteté. »

Eustache la relevant lui répondit : « Oui, je suis votre époux. » Et ils s'embrassèrent tendrement, glorifiant la miséricorde divine qui les rendait ainsi l'un à l'autre.

« Un second bonheur nous attend, dit l'épouse d'Eustache, car nous allons retrouver nos fils ; » et elle raconta les entretiens des deux jeunes gens. Ils furent donc appelés auprès de leur père et de leur mère qui se firent connaître à eux, de sorte que la joie de toute la famille fut complète.

La rumeur de ces événements circula bientôt dans l'armée et y causa autant d'allégresse qu'une grande victoire, car Eustache était aimé de ses soldats.

Animée par le génie d'un si grand général, l'armée romaine eût bientôt subjugué les barbares, et Eustache revenait, couvert de lauriers, à Rome, lorsque, à moitié chemin, il apprit avec peine la mort de Trajan, lequel avait pour successeur Adrien, prince aussi injuste que cruel.

Néanmoins le nouvel empereur reçut Eustache avec autant de distinction que l'aurait pu faire Trajan ; il l'embrassa et loua devant tout le peuple sa prudence et sa bravoure.

Le lendemain, entouré de toute la pompe qui l'accompagnait dans les grandes cérémonies, Adrien vint au temple des idoles pour rendre grâces des succès obtenus, mais il vit qu'Eustache n'était pas à ses côtés, car il était resté dehors. Étonné, il vint lui en demander la cause, et Eustache confessa qu'il était chrétien ainsi que son épouse et ses deux fils. Transporté d'une grande colère, l'empereur les fit soumettre tous les quatre à une cruelle question pour les faire apostasier. Voyant qu'ils restaient immobiles dans leur foi, il ordonna qu'on les exposât dans l'arène à la fureur des lions. Mais ces bêtes féroces baissèrent la tête en s'approchant d'eux, comme si elles les adoraient, leur léchèrent les mains et se retirèrent ensuite avec précipitation. L'empereur voulut alors qu'on les mit dans un taureau d'airain.

Ils y entrèrent en priant et en chantant des hymnes comme les trois enfants de Babylone, compagnons de Daniel. Le taureau fut fermé et chauffé à rouge ; les quatre saints, suffoqués, y exhalèrent leurs âmes qui, ensemble, montèrent aux cieux, aux calendes de novembre, l'an 120.

Trois jours après, l'empereur fit ouvrir cette machine barbare, et les quatre corps y furent trouvés intacts sans qu'un de leurs cheveux eût été brûlé. Les chrétiens les ensevelirent secrètement, et quand la persécution eut cessé, ils édifièrent une chapelle sur leur tombeau. L'Église fête leur mémoire le 20 septembre.

SAINTE AGNÈS

Vierge et martyre

PATRONNE SECONDAIRE DE LA PAROISSE.

Sainte Agnès souffrit le martyre à l'âge de treize ans ; elle ne fut que montrée à la terre comme une vision du Paradis ; sa courte vie ne toucha par aucun côté aux faiblesses humaines ; l'élévation de son âme, la pureté de son cœur, la force surnaturelle de sa volonté, tout son amour consacré à Jésus-Christ avec un élan inexprimable firent d'elle un ange apparaissant à la terre sous la forme chaste d'une sainte jeune fille.

Dans sa physionomie, dit le cardinal Wiseman, on pouvait voir réunies la simplicité de l'enfant et l'intelligence de l'âme mûre. Ses yeux brillaient comme ceux de la colombe des cantiques ; souvent il s'en échappait une étincelle extraordinaire quand ils semblaient se fixer, par delà tout ce qui l'entourait, sur un être invisible qui absorbait son attention, sans nuire toutefois à la liberté de son esprit. Son front était le siège de la candeur ; pur et ouvert, il brillait d'une sincérité non fardée ; un doux sourire se jouait sur ses lèvres, et ses traits pleins de fraîcheur et de jeunesse, en passant rapidement d'un sentiment à un autre, selon les diverses impressions de son cœur tendre et délicat, exprimaient tour à tour une sensibilité et une ardeur ingénues.

Ceux qui la connaissaient disaient qu'elle ne pensait jamais à elle-même, mais qu'elle était sans cesse partagée entre sa bienveillance pour tous ceux qui l'entouraient et son affection pour l'être invisible qui remplissait son âme, ses pensées, ses regards.

Comme elle était d'une grande beauté, rehaussée encore par le reflet divin qui illuminait son visage, Procope, jeune chevalier romain, fils du préfet Symphorien, s'éprit pour elle d'un amour extrême dont il n'eut pas la force de comprimer l'aveu, quand il se trouva en présence d'Agnès.

Mais celle-ci, pleine du saint enthousiasme que son Dieu lui inspire :

Depuis longtemps, dit-elle, je suis fiancée à un grand seigneur dont la noblesse surpasse celle des rois et des tétrarques. Il est si beau que sa splendeur ternit la clarté du soleil. Il est si bon et m'a tellement captivée de son amour que je ne puis penser à d'autres qu'à lui. Quand les oiseaux chantent, j'entends des voix qui me disent : Tu peux l'aimer et rester chaste, le toucher et être pure, t'unir à lui et demeurer vierge. Il a passé son anneau à mon doigt et m'a couverte de bijoux magnifiques (1).

Frappé d'effroi par le regard inspiré que la jeune fille tenait attaché sur l'être invincible, Procope attendit qu'elle revînt à elle pour lui renouveler l'expression de son amour passionné. Mais Agnès le repoussa : « Retire-toi de moi, tison d'enfer, pierre de scandale! Retire-toi! Déjà mon bien-aimé s'est assuré ma foi, c'est à lui seul que je me confie. J'ai goûté le lait et le miel de sa bouche lorsque le sang de ses joues meurtries s'est imprimé sur les miennes (2). Regarde si je dois l'abandonner dans l'espoir de quelque récompense ou dans la crainte de quelque peine (3) ? »

Procope crut qu'elle était éprise de quelque autre grand seigneur qu'elle appelait son dieu et son idole, emportée par la violence de son amour. Il en ressentit une amère jalousie qui le rendit malade.

(1) Actes de sainte Agnès.
(2) Office de sainte Agnès.
(3) Actes de sainte Agnès.

Son père voulut savoir qui pouvait être celui qu'Agnès préférait à son fils, et quelqu'un lui dit : « Seigneur, cette fille est chrétienne ; soyez certain que ce fiancé dont elle parle n'est autre que le Dieu des chrétiens. »

Le préfet, joyeux de pouvoir se venger d'elle, la fit paraître devant son tribunal, et il essaya d'ébranler son cœur par les promesses ou par les menaces. Ne pouvant y réussir, il lui dit : « Marie-toi, Agnès, ou, si tu veux être vierge, sacrifie à Vesta, comme font toutes les autres filles romaines, ou bien je te châtierai comme tu le mérites. »

La vierge répondit : « Rien au monde ne me fera quitter l'époux que j'ai choisi ; si je refuse votre fils, que j'estime d'ailleurs beaucoup, je ne me laisserai pas abuser à ce point d'adorer des statues insensibles qui n'ont ni oreilles, ni langue, ni vie. Je vous le répète : je suis fiancée à Celui que servent les anges, à Celui dont le soleil et la lune admirent la beauté. Je lui conserve ma foi, je lui consacre tout mon amour. Il a entouré ma main droite et mon cou de pierres précieuses, il a mis à mes oreilles des perles d'un prix inestimable (1). »

Irrité, le préfet ordonna qu'on la conduisit dans un lieu infâme pour que sa virginité servit de proie aux libertins.

Jetons un voile sur cette première partie du supplice infligé à la jeune martyre, disons seulement que son ange la protégea contre tout danger et que la

(1) Office de sainte Agnès..

pureté de sa présence convertit en un saint et glorieux sanctuaire l'égout de l'infamie et de l'impureté.

Il était encore de bonne heure quand elle reparut
au Forum devant le tribunal du préfet ; aucune alté-
ration ne se remarquait sur sa physionomie ; son
visage souriant n'avait pas rougi ; son cœur innocent
n'avait pas éprouvé la moindre angoisse de douleur;
seulement ses longs cheveux, non coupés, symbole de
virginité, s'étaient dénoués et retombaient, en nappe
d'or, sur sa tunique blanche (1).

Laissons le cardinal Wiseman nous faire le récit du
supplice de notre héroïne dans son livre de Fabiola,
tel qu'il l'a emprunté à Prudentius et à saint Ambroise.

C'était une douce matinée. Déjà les amandiers
blanchissent, non sous les frimas, mais sous les
fleurs suaves. Le jour monte dans le calme azur des
cieux ; l'air est doux et chargé des premières sen-
teurs du printemps.

Le juge était assis en plein air dans le Forum et
une foule assez nombreuse faisait cercle autour de
l'enceinte redoutable, où peu de gens aimaient à
pénétrer, à l'exception des seuls chrétiens.

Agnès fut amenée par les gardes et vint se placer,
debout, calme et intrépide, devant le tribunal. Ses
pensées semblaient éloignées de tout ce qui se pas-
sait autour d'elle.

— Pourquoi n'est-elle pas enchaînée? demanda le
préfet en colère.

(1) Saint Ambroise.

— Ce n'était pas nécessaire : elle marchait avec tant de bonne volonté, et elle est si jeune, répondit un garde.

— Oui, mais elle est aussi obstinée que les plus âgées. Qu'on lui mette les menottes sur-le-champ.

L'exécuteur chercha dans un énorme tas de ces ornements de prison — tels du moins aux yeux des chrétiens — et finit par en choisir une paire, la plus petite et la plus légère qu'il put trouver, et les mit aux poignets d'Agnès, qui sourit, secoua ses mains et les fers tombèrent avec bruit à ses pieds.

— Ce sont les plus petites que nous possédons, seigneur, dit l'exécuteur attendri; une enfant si jeune devrait porter d'autres bracelets que ceux-ci.

— Silence, esclave, s'écria le juge exaspéré; puis se tournant vers la prisonnière, il lui dit d'un ton plus doux :

— Agnès, j'ai pitié de ta jeunesse, de ta position, et je prends en considération la mauvaise éducation que tu as reçue. Je désire te sauver, s'il en est temps encore. Renonce aux fausses et pernicieuses maximes des chrétiens, obéis aux édits de l'empereur et sacrifie aux dieux.

— Il est inutile, dit-elle, de me tenter plus longtemps. Ma résolution est inébranlable. Je méprise tes fausses divinités et je ne puis aimer et servir que le Dieu vivant.

Puis élevant les yeux vers le ciel, elle dit d'un air inspiré : « Éternel dispensateur de toutes choses, ouvre toutes grandes les portes du ciel qui ont été jusqu'ici fermées aux mortels. Christ sauveur, appelle à toi l'âme qui s'attache à toi : je me suis unie à toi d'abord par ma consécration virginale ; je me dévoue maintenant à ton Père, par l'immolation du martyre !

— Je perds mon temps, je le vois, dit le préfet qui remarquait avec impatience des symptômes de pitié se manifester dans la multitude. — Greffier, écrivez la sentence. Nous condamnons Agnès, pour mépris des édits de l'empereur, à être punie par le glaive.

— Sur quelle route et sur quelle borne militaire le jugement sera-t-il exécuté ? demanda le bourreau.

— Qu'on l'exécute sur-le-champ, répondit le préfet.

Agnès leva un instant les mains et les yeux vers le ciel, puis s'agenouilla tranquillement. De ses mains, elle ramena par devant sa longue et soyeuse chevelure et exposa son cou au tranchant du fer. Il y eut un moment d'arrêt, car l'exécuteur tremblait d'une émotion extraordinaire et ne parvenait pas à brandir son glaive. Quand l'enfant s'agenouilla ainsi d'elle-même, vêtue de sa robe blanche, ses bras modestement croisés sur sa poitrine, et ses cheveux de la riche teinte de l'ambre pendants jusqu'à terre et voilant ses traits, on eût pu véritablement la comparer à quelque plante rare, dont la tige, frêle et blanche comme le lis, s'incline sous le poids luxuriant de sa végétation dorée.

Le juge avec colère reprocha à l'exécuteur son hésitation, et lui ordonna de faire son devoir sans tarder. L'homme passa sur ses yeux humides le revers de sa rude main, et leva son glaive. Un éclair brilla, et l'instant d'après la fleur et la tige étaient étendues, séparées, mais à peine déplacées, sur le sol. On aurait pu croire qu'elle était prosternée pour la prière, si sa robe blanche ne s'était colorée aussitôt de la riche pourpre du sang de l'agneau. »

Son âme s'était envolée avec la double couronne de la virginité et du martyre ; c'était le 21 **janvier** de l'an 304, jour où l'Église célèbre sa fête.

SAINT LOUIS, ROI DE FRANCE

3ᵉ PATRON DE LA PAROISSE (1).

Saint Louis naquit le 25 avril 1215, au château de Poissy, près de Paris. Il fut élevé principalement par les Frères Prêcheurs et les Frères Mineurs sous la direction de sa mère, Blanche de Castille, femme aussi admirable comme chrétienne que grande et illustre comme reine. Lorsqu'il reçut de ses mains l'exercice de l'autorité royale, il se montra le plus sage, le plus prudent et le plus juste des rois. Sans faire la guerre, il agrandit la France et la plaça au sommet de l'Europe. Il devint l'arbitre des souverains et des peuples et le défenseur des droits de l'Église. Il prohiba les duels, fit cesser les pratiques de l'usure, condamna le luxe des femmes, punit le blasphème.

(1) L'histoire de saint Louis est connue : nous **nous** bornons à en réunir les traits principaux.

Lui-même rendait la justice aux pauvres ; deux fois par semaine il s'asseyait sous le chêne, devenu légendaire, de Vincennes ; là chacun pouvait s'approcher de lui, exposer ses griefs, réclamer sa protection pour ses droits lésés, sûr d'être écouté avec attention par un roi qui était pour son peuple moins un maître qu'un père.

Son âme chrétienne souffrait de voir la ville sainte de Jérusalem au pouvoir des infidèles ; il prit donc l'étendard de la croisade des mains de l'évêque de Paris et traversa la mer Méditerranée avec une nombreuse flotte et une grande armée. Descendu sur les côtes d'Afrique, il remporta une grande victoire sur les Sarrasins ; mais bientôt la peste se mit dans son camp ; les ennemis en profitèrent pour lui livrer une bataille dans laquelle il fut vaincu et fait prisonnier. Sa grandeur d'âme éclata au milieu de ses malheurs et inspira une si grande admiration aux infidèles qu'ils lui offrirent de le faire leur sultan. Bientôt il recouvra la liberté.

Pendant les cinq années qu'il resta en Orient il racheta un grand nombre de chrétiens de la servitude des barbares qu'il convertit en grand nombre ; il releva aussi plusieurs villes bâties par les chrétiens et qui avaient été détruites pendant les guerres du siècle précédent. Lui-même ensevelissait les corps de ses soldats, fussent-ils en putréfaction.

Ayant appris la mort de sa mère, il se hâta de revenir en France où il multiplia les œuvres de sa bienfaisance et de sa charité. Il édifia des églises, des monastères, ainsi que des hospices pour les malheureux ; il s'appliqua surtout à aider de ses aumônes les étudiants pauvres qui venaient à Paris pour recevoir l'enseignement des maîtres fameux. Non seulement il soulagea les souffrances des pauvres et des malades, mais encore lui-même les servait à genoux dans plusieurs circonstances de l'année. Ennemi du luxe, il portait des vêtements ordinaires, ceignait ses reins d'un cilice et jeûnait souvent. C'est lui qui obtint pour la France la sainte couronne d'épines de Notre-Seigneur Jésus-Christ. Ce fut pour honorer par un culte perpétuel les reliques sacrées de notre rédemption, qu'il fit bâtir la Sainte-Chapelle, ce bijou de Paris.

Les nouvelles de la Terre sainte étant fort tristes, car les Sarrasins s'en étaient de nouveau rendus les maîtres et faisaient subir aux chrétiens toutes sortes de persécutions, il s'embarqua une seconde fois et vint à Tunis où il pouvait porter à ses ennemis les coups les plus terribles. Ce fut alors qu'en soignant ses soldats, atteints de la peste, il fut frappé lui-même par le fléau et mourut saintement, le 25 août 1270, après avoir donné à Philippe, son fils et successeur, les plus sages conseils. Son corps fut rapporté en France et enseveli dans la basilique de Saint-Denis, où il jouit d'un grand culte jusqu'à la révolution de 1793. Une foule ameutée, en délire, viola sa sépulture et jeta au vent ses cendres vénérées.

Le pape Boniface VIII l'inscrivit au catalogue des saints en 1797.

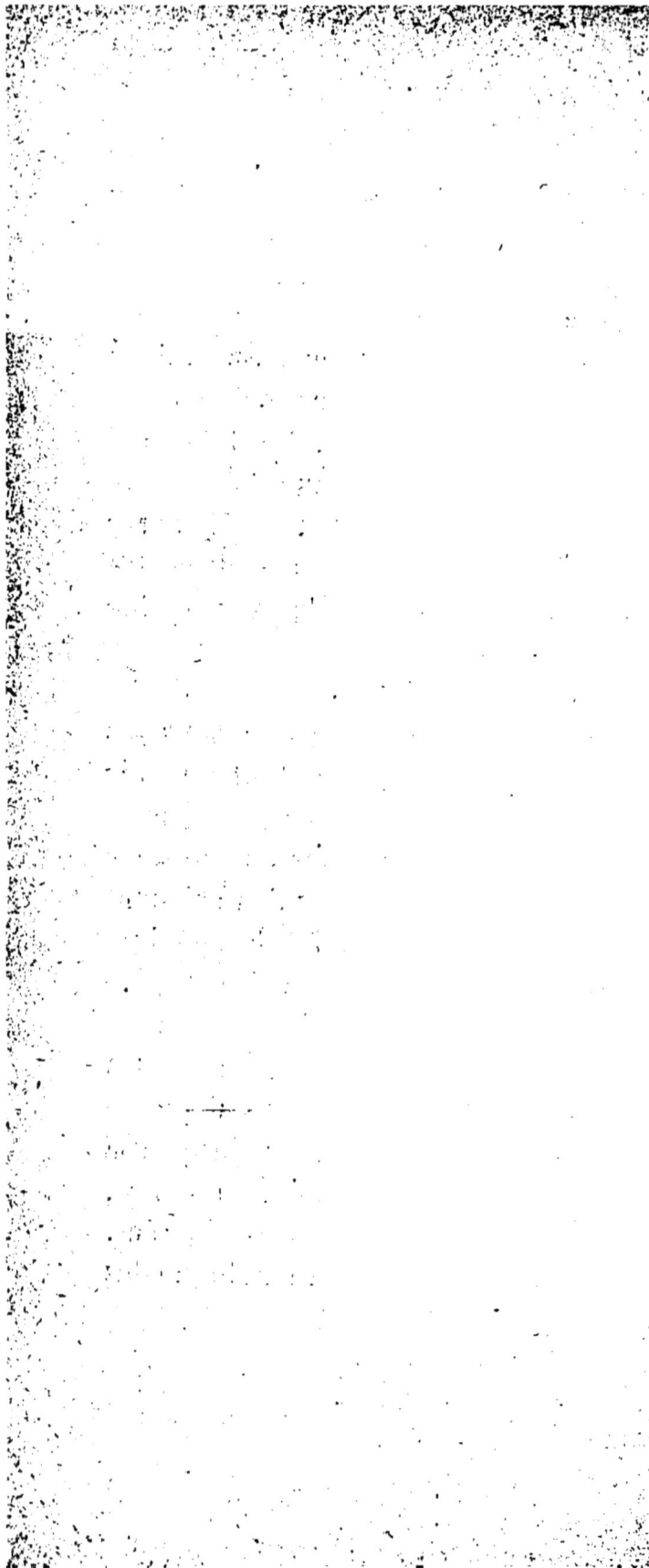

APPENDICE

MONITOIRE DE LA PAROISSE

SAINT-EUSTACHE

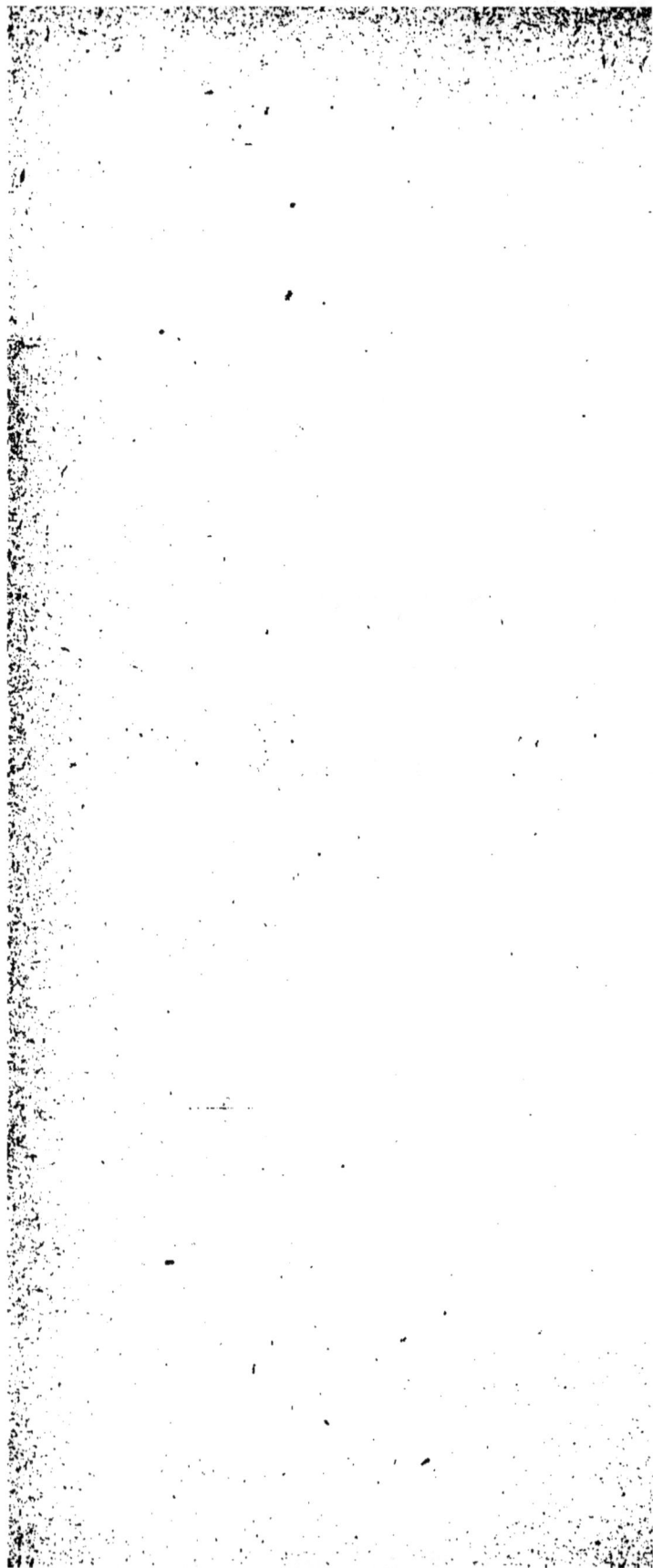

MONITOIRE DE LA PAROISSE

SAINT-EUSTACHE

POPULATION

A son origine, l'église Saint-Eustache relevait du chapitre de Saint-Germain-l'Auxerrois. Elle en fut affranchie en 1537, M. Lecoq étant curé.

A partir de cette époque jusqu'à la révolution, Saint-Eustache porta le titre de PAROISSE ROYALE.

Sa vaste circonscription, qui s'étendait de la rue Saint-Denis jusqu'à la Chaussée-d'Antin, renfermait une population d'environ 50,000 habitants.

C'était la paroisse la plus aristocratique et la plus riche de la capitale. Un inventaire de fabrique constate qu'en 1641, elle possédait 26 maisons estimées 352,000 livres tournois.

Un curé, un vicaire, six sous-vicaires (style du temps) et quatre-vingts prêtres étaient attachés à l'église.

9.

Ce fut l'apogée de Saint-Eustache.

Des changements survenus dans la population, le déplacement de l'opulence qui quitte les rues bruyantes du centre de Paris pour refluer vers les quartiers plus aérés, plus sains et plus confortablement construits, et des pertes considérables et successives de territoire, ont fait de Saint-Eustache une paroisse ordinaire.

Sans parler de la distraction de 5,000 habitants prononcée par l'administration diocésaine afin d'augmenter les ressources de Saint-Leu, M. Colin signalait, en 1834, 4,000 habitants chassés pour faire place au marché des Prouvaires.

En 1847, M. Deguerry en signalait 5,000 autres renvoyés par la destruction de la rue Trainée.

L'établissement des Halles centrales, en 1854, entraîna la démolition de 500 maisons.

En 1880 et 1887, nouvelles démolitions pour la construction de la nouvelle poste, le percement de la rue du Louvre et la création de la Bourse de commerce qui va exiger, sous peu, la disparition d'un pâté considérable de maisons. C'est une brèche énorme qui a été faite à la paroisse.

En lui attribuant actuellement 17,000 âmes, nous portons sa population au maximum. C'est peu, trop peu, pour réaliser les revenus indispensables à l'entretien d'un si vaste édifice et à la dignité du culte, afin qu'il réponde par le personnel de son clergé, par la pompe des cérémonies à tant de magnificences architectoniques.

Depuis 1860, Saint-Eustache est devenu cure de

2ᵉ classe, administrée par 1 curé et 10 prêtres, ses vicaires ou collaborateurs, qui tous logent dans un presbytère attenant à l'église.

CIRCONSCRIPTION ACTUELLE DE SAINT-EUSTACHE

	NUMÉROS	
NOMS DES RUES	PAIRS	IMPAIRS
Argout (d').............	de 32 à 60	
Baillif................		de 1 à 3
Bons-Enfants..........	de 2 à 32	
Bouloi......	de 2 à 26	de 1 à 27
Bourdonnais (des).......	de 38 à 44	de 45 à 47
Berger...............	de 4 à 20	de 5 à 37
Coq-Héron......... ...		de 1 à 9
Coquillière............	de 2 à 42	de 1 à 45
Cossonnerie......... .		de 7 à 13
Croix des Petits-Champs..	de 2 à 44	de 1 à 33
Deux-Écus (des)........	de 2 à 22	de 1 à 35
Dussoubs.		de 1 à 21
Denis (Saint-)........		de 43 à 65
Etienne-Marcel........	de 24 à 46	de 27 à 47
Ferronnerie..........	de 2 à 14	
Française............		de 1 à 13
Greneta..............	de 42 à 64	de 45 à 71
Guttenberg		
Halles (des)	de 24 à 34	n° 23
Hérold...............	de 2 à 20	
Honoré (Saint-)........	de 2 à 192	

NOMS DES RUES	NUMÉROS	
	PAIRS	IMPAIRS
Innocents (des).........	de 2 à 6	de 1 à 21
Jour (du).............	de 2 à 12	de 1 à 31
Jussienne.............	de 2 à 8	n° 11
Lard (du).............	de 2 à 10	de 1 à 3
Lingerie.............	de 2 à 10	de 1 à 17
Louvre.............	de 26 à 52	de 5 à 27
Mandar.............	de 2 à 18	de 1 à 13
Montorgueil...........	de 2 à 102	de 1 à 73
Montmartre...........	de 2 à 82	de 1 à 63
Montdétour...........		de 9 à 17
Montesquieu...........	de 2 à 8	de 1 à 9
Marie-Stuart...........	de 2 à 24	de 1 à 21
Mauconseil...........	de 32 à 42	de 27 à 39
Oblin.................	de 2 à 10	de 1 à 7
Orléans-Saint-Honoré...	de 2 à 12	
Pont-Neuf (du)	de 24 à 26	de 31 à 35
Poterie (de la).........	de 2 à 8	de 1 à 9
Prouvaires (des)........	de 2 à 10	de 1 à 8
Pélican (du)...........	de 2 à 10	de 1 à 11
Pirouette.............	de 2 à 8	de 5 à 19
Pierre-Lescot.........	de 2 à 8	de 1 à 7
Rambuteau...........	de 104 à 116	
Réale (de la)..........	de 2 à 8	de 1 à 3
Rousseau (J.-J.)........	de 2 à 78	de 1 à 65
Sauveur (Saint-)........		de 21 à 99
Sauval.............	de 2 à 18	de 1 à 11
Tiquetonne...........	de 26 à 64	de 27 à 41
Truanderie (de la)......	de 36 à 38	de 31 à 47
Turbigo.............	de 2 à 8	de 1 à 3
Vannes (de)...........	de 2 à 8	de 1 à 7
Vauvilliers (de)........	de 2 à 14	de 1 à 49
Viarmes (de).........	de 2 à 22	de 35 à 37

PASSAGES	NUMÉROS	
	PAIRS	IMPAIRS
Athènes (d')		
Cité Montmartre.		
Cloître Saint-Honoré....	de 2 à 16	de 1 à 13
Fermes (Cour des).		
Messageries (des).		
Saumon (du).		
Reine de Hongrie.		
Véro-Dodat............	de 2 à 38	de 1 à 37
Impasse Saint-Eustache.		

INSTITUTIONS

1º Maîtrise et école de M. le Curé, composée de 90 élèves, sous la direction d'un prêtre et de trois professeurs ;

2º Confrérie de Notre-Dame du Mont-Carmel, érigée en 1807. Réunion chaque dimanche et jour de fête solennelle après les vêpres ;

3º Association de la Bonne Mort et de Notre-Dame des Sept-Douleurs, érigée en 1849. Réunion le vendredi à 8 heures du matin et à 8 heures du soir ;

4º Association du Très-Saint-Sacrement et du Sacré-Cœur, érigée en 1866. Réunion à 9 heures du matin et à 4 heures du soir, le premier vendredi de chaque mois et aux processions des saluts solennels;

5º Assemblée des messieurs et des dames de Notre-Dame de Bon-Secours, fondée par lettres patentes de Louis XIV, en 1662. Réunion, pour les messieurs, le dernier vendredi de chaque mois à 8 heures du soir;

pour les dames, le deuxième vendredi de chaque mois à 1 heure et demie;

6° Fraternité du Tiers Ordre de Saint-François d'Assise, fondée en 1886. Réunion le dernier mardi de chaque mois à 7 heures du matin et à 8 heures du soir;

7° Conférence de Saint-Vincent de Paul. Réunion au presbytère, tous les vendredis à 8 heures du soir;

8° Patronage des jeunes filles apprenties agrégées à l'œuvre centrale, fondée par M. de La Bouillerie et M. de Melun;

9° Œuvre de la Propagation de la Foi;

10° Œuvre de la Sainte-Enfance;

11° Œuvre de Saint-François de Sales;

12° Œuvre du Denier de Saint-Pierre;

13° Œuvre des Bons Livres en lecture;

14° Œuvre des Pauvres secourus par M. le Curé;

15° Œuvre de Saint-François Régis;

16° Association des Artistes musiciens, fondée par le baron Taylor. Elle célèbre à Saint-Eustache, chaque année, au 22 novembre, la fête de sainte Cécile, sa patronne;

17° Société des Charcutiers. Persévérant dans la foi de leurs aïeux, les membres de cette honorable Société font célébrer, de temps immémorial, chaque année, le troisième mardi de carême, un service solennel pour leurs défunts, et chaque fois ils sollicitent de M. le Curé une allocution.

18° Société du Comité des écoles catholiques. Elle a repris pour elle-même les traditions et les usages de la Société des écoles du deuxième arrondissement dont nous avons parlé plus loin.

USAGES

ANGELUS

On le sonne à 5 heures et demie, à midi et à 7 heures et demie du soir.

HEURES DES MESSES LES JOURS OUVRIERS

Première messe à 6 heures avec bénédiction du saint ciboire.

Les autres messes, de demi en demi-heure jusqu'à 10 heures.

DIMANCHES ET FÊTES

A 6 heures, messe, prône et bénédiction du saint ciboire.

A 8 heures et demie, première grand'messe et homélie.

A 10 heures, deuxième grand'messe, prône et offrande du pain bénit.

A 1 heure, dernière messe et bénédiction du saint ciboire. Messes basses de demi en demi-heure jusqu'à 11 heures.

A 2 heures et demie, vêpres, sermon, salut, procession du Très Saint-Sacrement, chaque premier dimanche du mois. A l'issue des vêpres, confrérie à la chapelle de la Sainte-Vierge.

LUNDIS, MARDIS ET MERCREDIS

A 4 heures en hiver et à 5 heures en été, prière, instruction et bénédiction du saint ciboire.

JEUDIS

A 9 heures, exposition du Très Saint-Sacrement, messe basse avec chants. A 4 heures, vêpres et salut.

VENDREDIS

A 8 heures du soir, exercices de la Bonne Mort, instruction et bénédiction. Tous les premiers vendredis du mois, à 9 heures, exposition du Très Saint-Sacrement, messe et instruction à la chapelle du Sacré-Cœur ; à 4 heures, vêpres et salut ; à 8 heures du soir, exercice du Chemin de la Croix.

SAMEDIS

Confessions : de 7 heures à 10 heures du matin ; de 3 heures à 6 heures et de 8 heures à 9 heures du soir.

PRÉDICATIONS DU CARÊME

Les dimanches après vêpres, les mercredis et les vendredis à 8 heures du soir.

CATÉCHISMES

Ils ouvrent : la persévérance des demoiselles, le dimanche qui précède la Toussaint ; les autres, le jeudi d'après la Toussaint et ils ont lieu ainsi qu'il suit :

PERSÉVÉRANCE DES DEMOISELLES
Dimanche à 8 heures et demie.

PERSÉVÉRANCE DES GARÇONS
Dimanche à 10 heures et demie.

Catéchisme de première communion,
1re et 2e années.

POUR LES GARÇONS
Dimanche à 10 heures et demie; jeudi à 10 heures.

POUR LES JEUNES FILLES
Lundi et jeudi à 1 heure et demie.

Petit catéchisme des enfants de 7 à 10 ans.

GARÇONS ET FILLES
Jeudi à 1 heure et demie.

La première communion et la confirmation ont lieu le jeudi qui précède l'Ascension.

————

TABLE DES MATIÈRES

CHAPITRE V

CHAPITRE VI

DEUXIÈME PARTIE

CHAPITRE I

CHAPITRE II

CHAPITRE III

APPENDICE

Paris. — Soc. d'imp. PAUL DUPONT, (Cl.), 403.3.89.

PAROISSE SAINT EUSTACHE
S E
PARIS

PAROISSE SAINT EUSTACHE
S E
PARIS

Paris. — Soc. d'Imp. Paul Dupont (Cl.) 303 II. 1.59

www.ingramcontent.com/pod-product-compliance
Lightning Source LLC
Chambersburg PA
CBHW052047090426
42739CB00010B/2079